行政の組織的腐敗と
行政訴訟最貧国
放置国家を克服する司法改革を

阿部泰隆
Abe Yasutaka

現代人文社

はしがき

研究者の司法への期待

　筆者は、50年以上もの間、法律学の教育・研究者として、司法を外から眺め、皆誠実にきちんとやっていることを前提に、しっかり論陣を張れば、新規の主張でも採用されると信じてきた。裁判官の中には、学説など要らないという向きもあるが、私見はこれまでは結構尊重されてきたと思っている。また、筆者は役所が扱う行政法学を専攻とする関係で、行政職員に接する機会も多いが、一般的には、法律を誠実に市民のために執行する善人でかつ有能な方が多いと感じてきた。

　そこで、11年前から、主に行政関連事件（行政訴訟・国家賠償訴訟・行政法規の解釈を要する民事訴訟・刑事訴訟）専門弁護士として、勝つべき事件だけを引き受け、これまでの研究蓄積を活かし、しっかり頑張って、事実認定でも、理論的にも、負けるはずがないと論陣を張ってきた。

吃驚判決

　しかし、判決を受けると、吃驚仰天、行政側が違法行為を隠蔽し、組織を守るだけに汲々としているのに、ただただ、行政を勝たせるという方針に沿ってか、事実も理論も捻じ曲げる例が異常に多い。しかも、最高裁では、上告受理申立て理由書や答弁書を提出しても、完全に無視されている。研究者として、司法に期待し、それを美化していたところ、弁護士になって見た現実との落差は信じがたいものがあったわけである。

　さらに、裁判所の窓口に行き、法廷に座り、弁護士活動を行い、顧客と話をすると、行政当局も、司法界も異常な社会だということをつくづく感じる

ようになった。裁判の独立をいいことに、治外法権となって、歪んできているのだと推測する。

　そこで、本書では、筆者の研究と弁護士としての体験を整理して、広く訴えるとともに、その解決策ないし制度改革案を理論的に整理して提案することとした。

行政のお寒い実態

　これを敷衍すると、行政機関の任務である法律の執行とは、専門家として、法律を適正に解釈し、事実を適切に認定して、実際に妥当な運用を行うことである。

　しかし、実際には、行政機関の現場で法を執行する者は、法解釈の能力も事実認定の能力も欠けている素人が少なくない。いい加減な証言や事実の寄せ集めを根拠に、人を逮捕し、勾留し、あるは許認可を取り消し、指示するとか、公表したり、入札指名を停止する例は後を絶たない。裁量権を適正に行使するように吟味するという合理的な思考を採っていない。その結果、犠牲になるのは庶民である。

　また、行政機関はしばしば自らの立場ないし利権を守るために、違法と分かっていても、その方針を貫徹する。「組織的腐敗」である。えん罪と分かっていても、証拠を隠したり、ねつ造して、有罪に持ち込む警察、検察はその極端な例である。

　インターネットによる第1、第2類の医薬品販売には、副作用がないのであるから、その禁止は営業の自由を合理的根拠なく侵害して違憲であるし、薬局が近くにない地域の住民には大変な不便を強要する（特に東日本大震災の被災地域で薬の入手が困難であった）ものであるが、薬剤師会の利権、それから10億円にも上る巨額の政治献金を受けた一部政治家、その圧力と天下り利権を得ようとする厚労省等が結託して、強行したものである（本文で述べるように、ネット業者（株）ケンコーコムは筆者と関葉子弁護士の奮闘によりやっ

iii

と最高裁で勝訴した）。行政指導に従わないタクシー事業者を特別に監査し、違反に3倍の加重処分をしたり、タクシーの運賃を統一し、減車を強制する国交省とタクシー特措法2013年改正法も同じである。

司法の偏り、行政えん罪、行政訴訟最貧国

　裁判所は、公正中立で、丁寧に事案を把握して適正な理論のもとに、行政の腐敗を糾弾するはずである。最近は、司法改革、行政訴訟改革の流れに乗って、立派な判決を出し、「物申す司法」などと賞賛されることがある。実際、筆者でも勝訴判決を得た例は少なくない（第8章）。

　しかし、裁判所は、かなりの事件では、検察も行政機関も正しくやっているはずだといった先入観で、あるいは、これらを敗訴させてはならないという、信念らしきもので、行政の腐敗になかなか迫ろうとしない。それどころか、いわゆる「中東の笛」（国際的規模のスポーツイベントにおいて試合日程や判定が著しくアラブ諸国に有利になる事象をいう）を吹いて、原告に不当に厳しい訴訟要件（訴えを門前払いにする障害物、役所からみれば防波堤）を課し、行政機関が主張もしない屁理屈なり考えられない理論を不意打ちで作ったり、行政の専門性と裁量性と称するものを過度に重視したり、国家賠償訴訟における公務員の過失の範囲を極めて狭くする。重要な証拠をわざと見逃したり、行政有利に曲解して、庶民を敗訴させる。こうしたことが時折起きている。

　刑事事件では、裁判官が起訴された以上は有罪だと思い込んで、無罪の立証ができなければ有罪にするという、無罪の推定とは逆転した運用がなされていると、よく言われているが、それと同じことが行政関連訴訟でも起きているのである。かねて行政訴訟はやるだけ無駄と言われている。まさに刑事事件のえん罪に匹敵する「行政えん罪」である（第1章）。

　私人側弁護士としては、被告国・自治体側の証拠のごまかし、欺瞞的主張・屁理屈を論破しても、裁判所の上記の姿勢に対しては、対応のしようがない。「最後の頼みの」最高裁では、たいていの場合、上告受理申立てに対しまっ

とうな理由をつけることのないいわゆる三行半決定で門前払いとなる（第9章）。こうして、高裁判事は、普通は上がないと同じと思って、やり放題である。

　こうした判決は闇から闇へ葬られるので、研究者の目に触れない。研究者は立派な判決が多いと誤解している。

　もっとも、このように述べると、筆者も負けてばかりかのように聞こえるが、行政訴訟の勝訴率が一般には数％と言われるなかで、半分くらいは勝っている。しかし、司法の偏りがなければほぼ全勝するはずだと依頼者とともにくやしいのである。

放置国家から法治国家へ

　これでは、日本ではまだまだ法治国家は完成しない。なお、なすべきことを怠る腐敗国家であり、「行政訴訟最貧国」、「放置国家」であるという面が少なくないのである。

　その結果、適正に行った私人の業務も会社の運営も違法とされ、裁判所でも救済されず、破たんするなど、重大な損害を被る。これでは資本主義経済も機能しにくくなる。国家的にも大損害である。

　これまで裁判批判の書物は少なくない。それは特に刑事事件において多いが、少なくとも行政関連事件において、実際の裁判、訴訟指揮に沿って広範に分析したものは少ないと思う。そして、筆者は、こうした違法行政、中東の笛判決、さらに、組織の腐敗にメスを入れて、本当の法治国家を実現するため、その解決策を種々提案している。これはなおさら例がないと思う。もっとも、行政訴訟の一分野である税務訴訟では、裁判の公正を促すため「租税公正基準」が提唱されている。

　また、筆者の直接の専門である憲法や行政法だけではなく、民事訴訟法、刑事訴訟法等の問題点にも言及した。この私見の多くは、広く各界の有識者にお集まりいただき、筆者も参加した「民事司法を利用しやすくする懇談会」でも理解されたと思っている。その最終報告書（2013年10月）は、司法

制度改革推進計画が閣議決定されてから10年が経過したが、改革の成果が、必ずしも国民に広く実感されるものとはなっていないとの認識の下で、利用者である国民と議論して、民事裁判や、行政訴訟、基盤整備等の諸課題を明らかにしている。

■ 広くご参照を、最後に

したがって、本書は、政治家、行政官、裁判官・検察官・弁護士、マスコミの方々、研究者でも、行政法だけではなく、憲法、民事法、刑事法等の方にも広く読んでいただきたいと思っている。さらに、学生諸君にとっても、これまでの書物とは異なった観点からの法学入門になると思う。

なお、詳しくお知りになりたい方のために私の論文を引用しておいたところもある（本文中では、引用は書名のみとする。論文も著者名のないものは筆者のものである）。その出版社などについては、巻末に収録した「著書一欄」を参照されたい。このほか、筆者の著書・論文は、ホームページ（http://www.eonet.ne.jp/~greatdragon/）を参照されたい。

本書では、判決については、裁判長の名前を書いた。異例かと思われるが、そもそも、判決は○○裁判所が下すものではなく、裁判官が独立して下すものだからである。そして、下級審では裁判長の影響力が大きいので、裁判長名だけを挙げた。最高裁では、裁判官は完全対等なので、その名前を列記することは煩瑣なので、控えた。

本書の作成に当たり多数の方のご意見をいただき、また出版については現代人文社の成澤壽信社長に格別のご助力を頂いた。いずれも、心から深謝する次第である。

2016年5月

阿部泰隆（阿部大龍）

行政の組織的腐敗と行政訴訟最貧国
放置国家を克服する司法改革を

目次

はしがき ii

プロローグ 本書の基本的な視点 ································ 2

第1章 行政の組織的腐敗を正当化する無茶苦茶判決 8

1 はじめに ·· 8

1 社会における組織的な不祥事・不正の数々 ················· 8

2 行政機関よ、裁判所よ、おまえもか!! ······················ 10

2 交通取締りの濫用 ·· 10

1 反則金の使途 ·· 10

2 ずさんな標識の例 ·· 11

　①7秒間、青青信号 ·· 11

　②車が通らない歩道を削ったところで駐車違反 ············ 12

　③危険でない一瞬の赤信号無視 ································· 12

　④駐車禁止のずさんな指定と取締りの不備 ················· 13

　⑤わかりにくい進入禁止で反則金ぼろ儲け ················· 14

3 事故防止のための警察に ·· 14

4 ネズミ捕りは違法だ ··· 15

5 パーキングメーターと駐車禁止の行きすぎ ················ 17

6 誤った駐車禁止立て札の例 ····································· 18

3 リフォーム業者事件 ··· 19

1 クレーマー消費者をそのまま信ずるずさんな消費者行政 ··· 19

2 都からの処分 ·· 20

3 都の処分の誤り ··· 21

4 裁判所の無茶苦茶な一方的な判断 ··························· 22

5 行政の腐敗 ··· 26

6 都のホームページの修正要求無視 ··························· 26

7 残念な最高裁 ·· 26

8 国家賠償訴訟も挫折 ··· 26

4 パチンコ店・神戸市の要請により移転・店舗剥奪事件 ……… 27

■1 神戸市から頼まれて、市長の公印付きの文書で戻る保障付きで移転 ……… 27
■2 風営法改正にもかかわらず従前地に戻れるまで使用許可するとの協議書 ……… 27
■3 正義に反する高裁判決 ……………………………………………………… 27
■4 三行半の最高裁 ……………………………………………………………… 29

5 トンネル退職金、給与条例主義を無視 ……………………… 29

■1 共済会を通じたトンネル補助金 ………………………………………… 29
■2 給与条例主義違反の地裁判決 …………………………………………… 30
■3 高裁判決もほぼ同じ ……………………………………………………… 30
■4 遡及条例で違法を帳消し ………………………………………………… 31
■5 やっと光明の見えた最高裁 ……………………………………………… 31

6 保安林指定不解除の違法を免責した事件 ………………… 32

■1 事案の経緯 ………………………………………………………………… 32
■2 政治の圧力 ………………………………………………………………… 33
■3 驚くべき判決 ……………………………………………………………… 34

7 たぬきの森事件 ……………………………………………………… 35

■1 過失責任の原則の悪用 …………………………………………………… 35
■2 安全認定の瑕疵 …………………………………………………………… 35
■3 法解釈の誤りの一般論 …………………………………………………… 35
■4 路地状敷地には2m幅の幅員を取ればよいという屁理屈 ……………… 36
■5 役所は無責任、役所のミスで会社は危機 ……………………………… 36

8 公共施設管理者の不同意、山の開発阻止は市町村の恣意的判断 ……………………… 37

■1 山の開発には里道、水路の管理者の同意を要する ………………… 37
■2 市町村の恣意的不同意 …………………………………………………… 38
■3 賠償は認めるが、取消しを許さない最高裁 ………………………… 38

9 騒音でも治外法権の大阪空港判決は廃止せよ ………… 39

■1 航空行政権による民事差止め禁止 ……………………………………… 39

2 裁判を受ける権利を侵害する違憲の判断 ……………………………… 40

3 差止め判決でも困らない ……………………………………………… 41

4 厚木基地判決の誤り …………………………………………………… 41

10 北総鉄道運賃値下げ義務付け訴訟 …………………… 41

1 異常に高い北総鉄道運賃 ……………………………………………… 41

2 違法だが有効？ ………………………………………………………… 42

11 官民不平等の逆転判例 ……………………………………… 43

1 教示の誤りで訴えの資格喪失 ………………………………………… 43

2 税務職員の脱税加担 …………………………………………………… 43

3 違法行為をした教育委員会の処分 …………………………………… 44

4 論点の取り違え、秦野市地下水条例事件 …………………………… 44

12 辺野古移転訴訟 ……………………………………………… 46

13 『絶望の裁判所』 ……………………………………………… 47

第2章 やるだけ無駄と〈中東の笛〉判決の原因　**48**

1 やるだけ無駄といわれる行政訴訟と 中途半端な行訴法改革 …………………………………………… 48

1 訴訟要件の壁、土俵に上がりにくい原告 …………………………… 48

2 行政に有利な土俵 ……………………………………………………… 49

3 争うとさらに不利なので、違法でも断念 …………………………… 49

4 ネズミがライオンに挑むがごとし …………………………………… 50

5 行政訴訟改革の成果 …………………………………………………… 51

6 行政事件訴訟法改革後も不備な判例が多数 ………………………… 51

　①なお不備な制度 ……………………………………………………… 51

　②当事者訴訟 …………………………………………………………… 52

　③仮の義務づけ ………………………………………………………… 52

　④裁判管轄 ……………………………………………………………… 52

　⑤原告適格に関する判例の動揺 ……………………………………… 53

2 裁判官はどうあるべきか ························· 58

1 〈中東の笛〉と判検交流の弊害 ························· 58

2 違法行政を救済する判決の手法 ························· 59

3 行政訴訟勝訴率のごまかし ························· 60

4 裁判官の八宗兼学の思い上がり ························· 61

　①秀才の思い込み ························· 61

　②八宗兼学の思い上がり ························· 61

　③行政訴訟は行政法の学力がなくても裁けるとの思い上がり ························· 62

5 裁判官には行政法の基本素養があれば十分 ························· 63

6 裁判所の独断的判断は法律問題でも違憲 ························· 63

第3章　行政の違法行為の数々　　66

1 法治国家の裏の実態 ························· 66

1 行政法は基幹科目 ························· 66

2 新春詠める詩、役人の違法行為の種は尽きまじ ························· 67

2 役人性善説から役人性悪説へ ························· 67

1 公定力理論の残映 ························· 67

2 ずさんな事実認定 ························· 68

3 確信犯の違法行為 ························· 69

4 組織的隠蔽 ························· 71

5 国会欺罔作戦 ························· 72

第4章　行政訴訟改革のあり方　　74

1 最高裁事務総局に牛耳られた行訴法改正 ························· 74

1 国民への法的サービスの改善を怠る最高裁 ························· 74

2 行政訴訟検討会を牛耳る事務局の戦略 ························· 75

3 裁判所はまな板の鯉、改革の包丁を握るな ························· 76

4 内閣法制局とのすりあわせは不適切 ························· 76

2 法務省は行政訴訟立法に不適切 ·········· 77

1 見直し消極報告 ·········· 77

2 法務省の消極姿勢の原因と対策 ·········· 78

3 日弁連シンポ、行訴法再改正の必要 ·········· 79

4 さらなる行訴法改革を ·········· 79

1 執行不停止原則を執行停止原則に ·········· 79

①執行不停止原則 ·········· 79

②執行停止原則へ ·········· 80

2 審査請求期間・出訴期間を廃止せよ ·········· 82

①期間制限に間に合わない ·········· 82

②根拠とされる法的安定性は神話 ·········· 83

③期間制限は比例原則違反 ·········· 84

④更正の請求の期間延長との均衡 ·········· 84

⑤どうせ裁判所は急がない ·········· 84

⑥判決には期間制限なし、当事者訴訟では仮処分も却下 ·········· 85

⑦解釈論による緩和 ·········· 86

3 指示、公表、入札拒否への救済方法の創設 ·········· 87

①訴訟による救済方法の不備 ·········· 87

②公表には合理的なルールを作れ ·········· 88

4 印紙代の不合理 ·········· 90

5 行政訴訟にこそ裁判員制度を ·········· 91

6 公正取引委員会の審決の改革の愚 ·········· 92

①東京地裁が第一審に ·········· 92

②東京地裁は不適任 ·········· 92

③公取2分割が適切 ·········· 93

7 行政の暗闇照らさぬ法テラス ·········· 93

①行政事件の相談項目なし ·········· 93

②なぜ行政事件を扱わないのか ·········· 94

③持ち込み案件では不十分 ·········· 94

④訴訟救助を行政事件には緩やかに ·········· 94

⑤総合法律支援センター法の2016年改正 ·········· 95

8 公益訴訟勝訴報奨金制度の提唱 ··· 95

①フリーライダー ·· 95

②原告に利益を還元せよ ·· 96

9 行政訴訟の審理に関する法律案要綱の提案 ························· 96

①当事者の対等性 ··· 96

②訴状は速やかに送達せよ ·· 97

③立証責任は被告に ·· 97

④第1回期日を充実させよ ·· 98

⑤裁判所の原告のための釈明義務 ·· 100

⑥審理方針の適切な策定と原告に不利な変更の禁止 ···················· 101

⑦裁判所の適正審理義務 ··· 102

⑧結審の方針説明義務 ··· 102

⑨計画審理の必要 ··· 102

⑩判決日・期限延長の禁止 ·· 102

10 行政不服審査法改正の不備 ·· 103

①行政「不法」審査法？ ·· 103

②人が肝心 ··· 103

③行政書士の不服申立代理権 ··· 104

④簡易迅速の鍵は審査請求人のための職権調査 ·························· 104

【第5章】 行政の腐敗を超える国家賠償法の改革　106

1 役所は負けても痛くなし、庶民は大損害 ························· 106

2 公務員個人への直接の賠償請求を認めよ ···················· 107

3 過失の認定を厳しくせよ ··· 108

1 たぬきの森事件 ·· 108

2 検察官の過失に大甘 ··· 109

3 例外は志布志選挙違反事件 ··· 109

4 パトカー追跡事故は過失と推定せよ ····································· 110

5 人質司法は故意又は過失 ··· 110

①人質司法の事例 ··· 110

②人質司法は国家賠償責任、職権濫用罪 ……………………………………… 112

③嘘の供述で強姦罪、452日間拘置 …………………………………………… 113

④人質司法をなくした最高裁の英断 …………………………………………… 113

6 一般的にも過失を推定せよ ……………………………………………………… 115

4 えん罪補償は、拘束されていない期間でも不起訴でも行え …… 117

5 人事院などへの懲戒請求を充実させよ …………………………… 118

6 自白強要、証拠偽造・隠匿した検事、
警察官を厳罰に ……………………………………………………………………… 119

7 裁判官の誤判を理由とする国家賠償訴訟を
裁判員制度に ……………………………………………………………………… 121

8 違法行政を行った役人個人だけではなく、
行政組織の解体処分を ……………………………………………………… 124

1 行政えん罪の犠牲者は潰される ……………………………………………… 124

2 役所は潰れないので、自浄作用が働かない ……………………………… 125

3 役所お取りつぶしの解決策 …………………………………………………… 125

4 庶民の無過失責任を追及するのは、逆転の不公平 …………………… 127

第6章 組織的腐敗防止の鍵は内部告発者報奨金制度 130

1 公益通報者保護法の機能不全 ……………………………………… 130

1 不正は内部告発で露見 …………………………………………………………… 130

2 通報者は裁判で勝って元々、雇用主は失うもののない制度 ……… 131

3 保護される場合は極度に限定、内部告発抑制法 ……………………… 131

2 内部告発者報奨金の提案と現行制度設計への批判 ……… 133

1 内部告発者報奨金の提唱 ………………………………………………………… 133

2 制度設計の基本視点の誤り ……………………………………………………… 134

3 消費者委員会公益通報者保護専門調査会報告の不備 …………… 135

4 行政の腐敗への応用 ……………………………… 135

第7章 住民訴訟を活性化させよ　138

1 改悪された住民訴訟制度は元に戻せ …………… 138

1 住民訴訟の意義 ……………………………………… 138
2 2002（平成14）年改正（改悪）の趣旨 …………… 138
3 2002（平成14）年改正の誤り ……………………… 139

2 法令コンプライアンスを徹底し責任を追及せよ
（神戸市外郭団体人件費補助金支給事件）……… 140

1 市長に過失なしとの誤った判決 …………………… 140
2 市長に巨額の賠償責任は気の毒か？ ……………… 141
3 公金ばらまきで市長の地位確保 …………………… 142
4 法令コンプライアンスを徹底せよ ………………… 143

3 住民訴訟における議会の権利放棄議決有効判決の誤り …… 144

4 地方自治法の改正案、軽過失免責の誤り ……… 145

第8章 組織的腐敗を乗り越えた勝訴例　148

1 これまでの例 …………………………………………… 148

2 タクシー特措法低運賃タクシー禁止に対する（仮の）差止め … 149

3 タクシーの3倍加重処分取消し …………………… 149

4 公有水面使用協力費支出損害賠償等請求訴訟 ……… 150

5 火災保険金請求訴訟 ………………………………… 150

6 神戸市を被告とする住民訴訟 ……………………………………………… 151

7 一般廃棄物処理業許可取消勝訴 ……………………………………… 151

8 公立病院の売店明渡し訴訟 …………………………………………… 153

第9章 どうしたら最高裁の改革はできるか　156

1 まともな違憲判断をしない最高裁 ………………………………… 156

1 国家公務員の政治的行為の制限は本来違憲 ………………………… 156

2 実の子と親子関係を結べないDNA検査無視は科学の進歩無視 …… 158

3 再婚禁止期間の不合理 ………………………………………………… 161

4 夫婦同姓義務付けは合憲か …………………………………………… 162

5 第1、第2類医薬品のネット販売（を含む郵便等販売）禁止違憲訴訟 ……… 162

6 下級審への悪影響 ……………………………………………………… 164

2 法治国家の原則を無視する最高裁判所 …………………………… 165

1 混合診療禁止は違憲 …………………………………………………… 165

2 租税法における遡及立法も違憲 ……………………………………… 168

3 国旗起立・国歌斉唱強制の違法・違憲性 …………………………… 170

3 最高裁の無理な日本語解釈、合憲限定解釈をするな ……… 171

1 風俗とわいせつは同じ!! ……………………………………………… 171

2 青少年保護条例における「淫行」と純愛の区別 …………………… 172

4 最高裁が条文を誤読!! ………………………………………………… 173

1 高額不動産売却で随意契約 …………………………………………… 173

2 国家賠償法4条と消防職員の消火ミス ……………………………… 175

5 最高裁の理由なしの三行半決定、答弁書無視 ……………… 176

1 三行半決定 ……………………………………………………………… 176

2 高裁判事のやり放題を許すな、上告制限を緩めて解釈せよ ……… 176

3 答弁書無視 ··· 177

6 裁判所は、立法・行政の巨悪に挑め ························ 178

1 違憲審査権、行政処分取消権を行使してこその最高裁 ············ 178

2 権限簒奪 ··· 178

3 調査官判決 ··· 179

7 最高裁判事は内閣が広く意見を聴いて選べ ·············· 180

1 最高裁が仲間内から選ぶ最高裁判事 ·························· 180

2 出世頭ではなく人物本位で能力を評価して決めよ ·············· 181

3 日弁連がしっかり有能な判事を推薦することが司法改革の鍵 ········ 183

第10章 裁判手続・窓口の改善 186

1 裁判所、検察庁の窓口の時代遅れ ······················· 186

1 独占企業の利用者無視 ······································· 186

2 郵券代の計算の面倒さ ······································· 186

3 検察庁でもコピーの不便 ····································· 188

4 記録コピー代の高額さ ······································· 188

2 裁判所書類提出期限の厳しさ ··························· 189

1 書類提出期間の異常な短かさ ································· 189

2 弁護士は土日祝日も働け、旅行に行くなという無茶 ············ 190

3 異議申立期間3日の刑事事件の酷 ····························· 191

4 理由書提出期限の厳しさ ····································· 192

5 提出先のわかりにくさ ······································· 193

6 法律の現場を知らない法律家の立法 ·························· 193

3 裁判所のずさんな審理、裁判遅延、電話会議 ············ 194

1 被告（行政）の引き延ばし作戦を裁判所が容認 ················ 194

2 役所はただちに反論せよ ····································· 194

3 法廷の退屈さ、電話会議の制約 ······························· 195

4 重い記録を運ぶ弁護士の苦痛 ································· 196

5 時機に後れた攻撃防御方法の機能不全 ……………………… 196

6 あるべき姿 ………………………………………………………… 196

7 民事訴訟法はほぼ死んでいる ………………………………… 197

4 口頭弁論を活かせ、テープを取らせよ ……………… 197

1 形骸化した口頭主義 …………………………………………… 197

2 本来は口頭で丁々発止とやるべし …………………………… 198

3 録音禁止 ………………………………………………………… 198

4 法廷メモ禁止のレペタ訴訟 …………………………………… 198

5 録音禁止の本音 ………………………………………………… 199

6 45分もの論争を思い出すのは至難のわざ（筆者の経験）……… 199

7 録音禁止の根拠なし …………………………………………… 199

第11章 司法改革、弁護士とその周辺 200

1 どこへ行く司法改革 …………………………………………… 200

1 司法改革の失敗 ………………………………………………… 200

2 裁判官の増員こそが鍵 ………………………………………… 200

3 法曹一元へ、司法研修所廃止 ………………………………… 201

4 どうすべきか司法試験、法科大学院 ………………………… 202

2 弁護士の周辺 …………………………………………………… 203

1 弁護士の報酬 …………………………………………………… 203

2 弁護士の懲戒請求 ……………………………………………… 204

3 不動産鑑定士、弁護士の業務独占との比較 ………………… 205

4 これでよいのか公証人 ………………………………………… 205

　①公証人の手数料は自由化せよ …………………………… 205

　②公証人は試験任用で ……………………………………… 205

5 少額案件にはなかなか来てもらえない執行官 ……………… 206

事項・人名索引 ……………………………………………………………… 207

著作一覧 ……………………………………………………………………… 213

行政の組織的腐敗と
行政訴訟最貧国

放置国家を克服する司法改革を

阿部泰隆

プロローグ

1 違法行政と闘う

　日本では、役人は立派でまず間違いがないという「役人無謬論」が支配的な思考様式であった。たまに役所が間違えても、弁護士は無能で、裁判所もまともな判断をしてくれない。行政裁判は無駄で、泣く子と地頭には勝てないのと同じ、政治家や天下り役人に取りなしてもらうのが適切な経営判断だ。こんなのが社会通念であったと思う。

　しかし、これは皆間違いである。役人も人間だ、間違いがないわけがない。事実認定も法解釈もかなり怪しい。たとえば、消費者が騙されたと消費者センターに訴えると、役人は、クレーマー的な消費者（「お客様は神様」じゃない　猛威振るう反社会的消費者〔日本経済新聞2015年1月20日参照〕）の訴えを丸呑みし、まともな業者の言い分を無視して、思い込みで処分する。そんな痴漢えん罪と同じ構図の事件もある。筆者はこれを「行政えん罪」と称している。行政機関は、本来、両方の言い分をきちんと聞き、矛盾点を客観的証拠に照らして吟味しなければならない。それどころか、役所は間違いと分かっても、訴えを認めずに組織をあげて徹底的に潰しにかかる。

　また、適法で社会的意義のあるマンションの建築確認申請や廃棄物処理場の許可申請、窯業用の粘土等を採取するための保安林の指定解除申請でも、一部住民の反対に乗って、行政指導と称して、強引に押さえ込む。あるいは、違法に拒否処分をする（第1章）。役所はしばしば組織的に違法行為をやっているのである。これを「組織の病理（組織的腐敗）」という。本書（はしがき、

特に第8、9章）でしばしば述べるインターネットによる第1、第2類一般用医薬品販売禁止、低額運賃を競うワンコインタクシーの弾圧もその典型例である。

こうした行政えん罪事件や組織的違法と戦うのは決して楽ではないが、最近は法的武器も結構整備されてきた。情報公開法、行政手続法、行政事件訴訟法、行政不服審査法が制定、改正された。他方、規制緩和で役所の力は落ちている。

役所のやることは正しいと思い込んでいる裁判官も少なくない。裁判官は弁護士と違って、選べないので苦労するが、それでも、事実と実定法の解釈をしっかりと示せば、理解されることもときどきある（第8章の例）。少しはその方向へ進んでいる。

したがって、筋の通ったことであれば、役所相手でも毅然として戦う方が正しい経営判断になることが少なくない。

もちろん、裁判前に、役所から無理な処分（命令、指示、許可取消し・停止等）や勧告を受けないように、きちんと交渉し、さらに、行政調査（臨検、立入り、聞取り調査等）、聴聞（行政手続法による意見の陳述）、行政不服審査（審査請求）等に臨むことが肝心である。弁護士は選べるのであるから、早い段階から、行政手続法、行政不服審査法、行政事件訴訟法等の手続法のほか、行政実体法（行政処分の根拠となっている法律）をきちんと理論的に吟味して、役所に負けない理論構成のできる弁護士と相談するのが大切である。不服審査は簡単だから自分でできると考えたり、専門性の低い「士」に頼んでいては、おろそかになり、裁判になっても種々不利になる。肺がんになっても、町医者に行くようなものである。

私は、無数で密林のような行政実体法について共通の体系を作り、裁判で通用するような解釈論を構築するように努力し、これを行政えん罪対策に活用している。それは法治国家を充実させ、国民の権利を守り、行政の適正化を図るという私の人生をかけた学問の実践でもある。

弁護士増員で余ってしまった弁護士も、必修となった行政法の学力を生か

して、ここに未開の巨大な司法市場があると認識して、進出してほしい
（Business Law Journal 2009年4月号巻頭言を修正）

2 曲がったことが大嫌いの変革の人

　法学セミナーの巻頭言として、「立志」というテーマで依頼された。これは、立派な心がけで、生れながら学者を目指してきたことなどを書くように期待されているのだろう。しかし、一見立派な学者も、偽善者か、限られた情報のもとで間違った選択をしたか、裕福な家に育ち、秀才で通したため、下々の立場がわからないのが多い。私は実は喘息がひどくて、職がないので、大学の先生は、病気の時は休講しても首にならない良い職業と教えられて、迷い込んだのが本当のところだった。そこで、学問は試行錯誤で、軌道修正ばかり。「時の流れに身を任せて」（テレサテン）生きてきた。来生は「計画的に」したい。

　それでも志の底流には一貫しているものがある。日本の社会を凝視すると、世の中不合理なことばかりではないか、それを是正したいという気持ちである。ドイツで、義務付け訴訟等を裁判官として創出し、後に教授となったBachof先生（この原稿を書いた2006年の1月に悲しいことに亡くなられた）の指導を求め、権利救済の実効性を確保する行政訴訟法（この考え方は最近ようやく認知されるようになった）を一貫して提案してきたのもそのためであろう。法制度は、立派な言葉で飾られているが、現実を見ると、ザル法がたくさんある。その原因は、ワインを飲みながらドイツ人に教わった法の執行の不全(Vollzugsdefizit)という問題である。そこから、解釈学を超えて、法の機能まで含めて、現実の法システムを把握して、その改善策（行政の実効性の確保）へと思索を巡らした。

　行政法学の看板を掲げていると、審議会・研究会等からある程度はお座敷がかかってくる。広く国民の利益のためにと論陣を張ると、阿部先生は寝ていてくださいと言われるか、前の晩、これこれは言わないでくれと根回しさ

れる。国益よりもその役所の省益（小益？）が優先される。これを官僚制の病理という。そんな国民を欺く会議は公害だと、私益の御用学者を廃業して、正しい社会の御用学者を志向している。こうして、本当に国民の利益となる法制度を設計する必要があると、日本列島「法」改造論（別の書物で予定している）を唱えることとなった。政策法学である。こうして、行政の法システムを、運用までにらんで分析し、解釈論、立法論を工夫して、ある程度は実現してきたが、なお壁がある。これを打破すべく、弁護士実務にも分け入ることになった。

　しかし、どこも壁ばかりで、苦労する。御用学者になって御輿に乗っていれば、はるかに楽で、偉そうな顔ができたのにと、猿並に「反省？」しているが、「一度の人生」（テレサテン）で、もう遅い。私は、学問の進歩でかえって利益を害されると危惧しているのではないかと疑っている体制派の学者が多数のもとで、突然変異の絶滅危惧種である。

　なぜ、こんなことになったのか。どうやら「三つ子の魂百まで」のようである。子どもの頃から、曲がったことが大嫌い。やっちゃん（小生の愛称）は理屈を言って困ると、いつも疎まれた。ある時隣村に行ったら、村人がしばらく私の顔を眺めていて、「盛隆さんの息子さんかい」と感心された。父は大変立派な人として尊敬されていたと聞かされた。憎むべき戦争のために3歳で別れた父を覚えてもいないが、そのような、父の背中というか遺影を自分勝手に解釈したためかもしれない。団藤重光先生の刑法理論にいう人格形成責任であろうか。こうして私は、世渡りの上手な普通の人から見れば変人扱いされているが、「変革の人」のつもりでいる。オバマ大統領や小泉元首相よりも先に、変革を目指してきたつもりである。今後も、これまでの学界と学問を壊し、本当の公益を目指した「改革」を進めたい。私を突然変異として絶滅させることなく、阿部泰隆保護法を制定して、種として保存繁殖させてほしい。

　なお、喘息は、小児喘息だから大人になったら治るといわれていたが、大学出ても治らなかった。しかし、25歳頃東大の物療内科の減感作療法によ

り治った。室内のチリ、ほこりを精製して予防注射する手法である。そこで、休講できるから良い仕事と言われてなった大学教員としては、あるときから授業は意地でも休講しなかった。審議会に出るために休講するなんてはとんでもない。前夜東京の会議があったときは夜行バスで神戸に帰ってきて、1時間目の講義をした。外国調査のときは、朝講義をしてから関空に行き、帰国の際は、その日に講義をしてから帰宅し、間の講義は自分が出たテレビのビデオを見せて感想文を書かせたので、休講しなかった。学内の会議は日程調整なしで決めるので、講義優先とサボった。

　日暮れて道遠し。日本を明るくするために、私の志をさらに発展させ実現してくれる人が多数出てくれることを期待している。いわば、「立志」ではなく、「継志」である（法学セミナー 2006年7月号巻頭言を修正）。

第1章

民間企業の不祥事・不正がたびたびメディアで報道されるが、「行政よ、おまえもか、裁判所よ、おまえもか」というのが実態である。それは、組織というものの自己防衛本能や、組織内部の一部門の利益追求によるものだ。中東の笛判決、無茶苦茶判決、高裁判事のやり放題の実例を示す。

1 はじめに

1 社会における組織的な不祥事・不正の数々

　企業が組織的に行った違法行為が時々露見する。立派な大企業がなぜこんな不正をするのかと思うが、露見しがたいのに露見することから見て、実態は、露見したのは氷山の一角で、内部には不正行為で満ちているのではないか。その代表的なものをいくつか簡単に挙げる。

・雪印食品は、輸入牛肉を国産と偽って、狂牛病対策に便乗して政府に買い取らせていた（2001年）。

・米国大手のエネルギー会社エンロンは会計士を巻き込んで巨額不正経理事件を起こして破綻した（2001年）。

・障害者団体の郵便割引を資格のない団体に使わせるように、虚偽の証明書を発行したとして、厚労省の係長が逮捕され、さらには上司の村木局長（当時は課長）も、その指示をしたとして逮捕された事件では、大阪地検特捜部の検察官が証拠偽造に関わっていた（2010年）。

・三菱自動車は、欠陥ハブで多数の死傷事故を起こしながら大規模なリコール隠しをした（2000年、2004年）。さらに、三菱自動車の燃費のごまかしが2016年4月に露見した。

2015年に入ってからは、驚くべきことに、大企業において、続々不正、偽り事件が発生した。

・血液製剤の売上高の国内シェアが2位で、各種ワクチンでも高いシェアを占める化学及血清療法研究所（化血研、一般財団法人の薬品メーカー。旧熊本医科大に開設された研究所を母体として1945年に設立）が約40年前から血液製剤を国から承認されていない不正な方法で製造し始め、国の検査をすり抜けるための巧妙な隠蔽工作も20年以上にわたって会社全体で組織ぐるみで続けていた。厚労省から110日の業務停止処分を受けた。

・ドイツのVW（フォルクスワーゲン）社は、アメリカ国内で販売するディーゼル車に技術陣総ぐるみで、違法なソフトを搭載し、アメリカの排ガス規制をかいくぐっていたことが明らかになった。

・東洋ゴム工業は、免震ゴム性能を偽装した上、経営陣が不正の報告を受けながら、公表や出荷停止を遅らせ、品質保証部門までもがデータを改ざんしていた。

・東芝は、社長以下会社ぐるみで、巨額の粉飾決算をして、2000億円以上の利益をだしたと、長年ごまかしていた。金融庁から73億円の課徴金が課された。会計監査を担当した新日本監査法人に行政処分として3ヶ月間の新規営業などの業務停止を命じられた。合わせて監査法人に対して初となる課徴金20億円が科された。理事長は責任を取って辞任。

・旭化成の子会社旭化成建材ほか多数の建築会社は、マンションの杭が打ち込み不足なのに、地下の固い岩盤（支持層）に届くようにデータを改ざんしたりして、マンション傾斜問題を惹起した。業務改善命令、営業停止命令等が発せられた。

これに続いて、高速道路や国道に架かる橋の落橋防止装置の部品に溶接不良があった。全国の多数の橋で溶接不良が確認され、不正な手抜き工事があった。

どんな大企業も信じられない有様である。この解決策は第6章、公益通報

1 はじめに　9

者保護法の改正、内部告発の活用で述べる。

② 行政機関よ、裁判所よ、おまえもか‼

　これは私益を追及する民間企業だからこそだ、公益を追及する行政、公正で独立した裁判所にはあり得ない‼

　ところが、「行政よ、おまえもか、裁判所よ、おまえもか」というのが実態なのである。なぜか。それは公益を追求するか私益を追求するかといった問題ではなく、組織というものの自己防衛本能や、組織内部の一部門の利益追求によるものだからである。

　そして、筆者は、これまで中東の笛判決、無茶苦茶判決、高裁判事のやり放題と言ってきた。これに対しては、負けた方の一方的な言い分だ、裁判官はしっかり判決を下していると反論されるので、実例を示す。エリートコースの裁判官でも（だからこそ）の無茶苦茶判決である。最高裁の例では、権利放棄議決を適法とした例（第7章**3**）が典型例である。また、建前では無茶苦茶ではなく、理論的な見解の違いという点はあるが、最高裁には、高裁がせっかく工夫して、先進的な判断をしたのに、古い先例を墨守して、権利救済を阻害している例が少なくない。これについては、第9章で述べる。前記の組織的腐敗対策としては、裁判の他、内部告発が有効である。これについては第6章で扱う。

2 交通取締りの濫用

① 反則金の使途

　反則金収入は、国庫の特別会計である「交通安全対策特別交付金勘定」で管理され、地方公共団体（都道府県や市町村）に対して「交通安全対策特別交付金」として支出される。その額は約700億円である。これに対して、駐車違反の「放置違反金」は各都道府県の一般財源へ収入として計上される。

　反則金を基にした交付金は交通安全目的にしか使えない、つまり、すべて

10 | 第1章　行政の組織的腐敗を正当化する無茶苦茶判決

信号機、道路標識、横断歩道橋、さく（ガードフェンス、防護柵）、道路反射鏡（カーブミラー）などの交通安全施設の設置及び管理に使われる。

　いかにも立派な制度である。しかし、道路標識や信号機が整備されると、反則金収入が減る。これでは、警察は次の事業ができなくなって困るのであろう。しかも、警察OBは関係業界にたくさん天下りしている。

　そこで、警察には、道路標識や信号機の整備に金はかけるが、ドライバーの立場に立って十分に整備することを怠り、ドライバーに違反させて、反則金を稼ぎたいという組織的バイアスがかかる。また、事故につながる違反を捕まえてほしいのに、それは見逃して、たいした違反でもないのに見つければ、獲物を捕まえたオオカミのごとく、絶対許さない。ドライバーの怨嗟の的である

　これに対して、放置違反金の収入は各都道府県の都合に合わせて使用できる。反則金なら使途が制限されているのに、放置違反金の収入は自由になるので、行政の裁量が広がりすぎる。また、放置違反金対策として民間人が違反チェックの仕事をしているが、恨まれるので、自分の居住地域ではしていないという噂も真実と思える。

❷ ずさんな標識の例

①7秒間、青青信号

　事故は20013（平成25）年7月24日、神戸市東灘区魚崎浜町の市道交差点で発生。交差点は南北方向を走る直線道路に、東からの道路と、南東からの道路が接続する「K字型」だった。被告の運転する大型トラックが南から南東に右折しようとしたところ、東から左折してきた軽自動車と衝突。相手の男性が股関節骨折などの重傷を負った。事故当時、大型トラックの対面信号は青色、軽自動車側の信号機は左折可の青色矢印を示していた。

　神戸地裁は2015（平成27）年6月10日の判決理由で「対面信号がどちらも青の時間が7秒間あり、その間に発生した『青青事故』」として「信号周

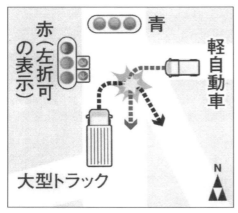

期の設定に不備があり、被告の注意義務は認められない」と指摘した。

警察は控訴せず、その後、この左折可の青色矢印信号を廃止した（産経新聞2015年6月25日、8月13日）。

警察はこんな事件は起訴して、判決を待つことなく、最初からこんな信号を廃止すべきである。全国の信号を徹底的に見直すべきである。

②車が通らない歩道を削ったところで駐車違反

　神戸市須磨区の片側2車線まっすぐの広い道路の歩道側に、バス停用に歩道を削っているくぼんだ箇所があった。しかし、団地設計のミスで、バス停にはならなかったので、その空間は無用の空間であった。車がそこを走行することもない。そこで、そこは安全だと思って、駐車したら、レッカー移動された。その道路には駐車禁止の指定があったためという。しかし、車が走行する車線上に駐車したら、事故につながるので、違反だが、この箇所は車が走行しないのだから、駐車禁止の標識はこの部分に限り無効ではないのか。筆者はこのように主張したが、警察は頑としていうことを聞かない。車から降りるときに、走行する車の邪魔になるという。しかし、左車線から右ハンドルの運転手が降りるときも同じだから、そんな馬鹿なことはない。しかも、腹立つことに、筆者の車のそばの車線上にあった他の車は移動されず、まして大型車はそのままである。これでは「大物を見逃してこそ泥退治」どころか、見物人を捕まえていることにならないか。これでは事故防止には何の効果もない。違反しやすいように誘って、反則金を巻き上げている不正な取締りというべきである。

③危険でない一瞬の赤信号無視

たとえば、信号が黄色から赤に変わったかどうかの瞬間に交差点に入った場合、危険を惹起していないし、一瞬の判断の違いであるが、陰に隠れていた警察官が捕まえる。筆者の近く、国道43号線を東から西に走行して、右折して山の方にあがるところで、時差信号がある。対向車が止まるのを見て右折するわけだが、対向車は赤、こちらは青の時間はほとんどなく、すぐ黄色になり、2、3台右折しようとしているうちに赤に変わる。前の車に続いて右折したら、赤になってから入ったと捕まる。ほんの一瞬のことである。ここでは何度もたくさんの車が捕まっているから、黄色信号の時間をもう少し長くすべきなのである。

　前の大型車に釣られて前進したら、赤になったので、停止線を越えたところで停止したら、やはり赤信号無視で捕まった人がいる。赤信号を突っ走ったわけではなく、他の車の走行の邪魔になるほどではなかったので、こんな軽微な違反は、勘弁すべきではないのか。

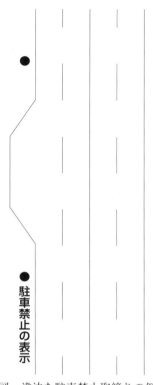

図　違法な駐車禁止取締りの例

④駐車禁止のずさんな指定と取締りの不備

　駐車禁止の指定が広すぎ、たいして事故につながるわけでもないところも、駐車禁止になっている。5分や10分ぐらいは駐車しても良いところも多かろう。逆に、多数の駐車のため片側2車線が実質1車線になっているため頻繁に車線を変更しなければならない道路も多い。これこそ取り締まって、路上駐車を一掃してくれれば、快適に走れるのだが。

　駐車禁止の指定の仕方も現場の取締りの仕方も、極めて恣意的で、裁量

濫用と言うべきである（「駐車違反対策と道交法・車庫法の改正（上）・（下）」ジュリスト962号107頁、963号102頁、1990年）。

⑤わかりにくい進入禁止で反則金ぼろ儲け

　神楽坂で警察官がたくさんいるので、何しているかと聞いたら、進入禁止に気がつかずに入ってくる車を捕まえているのだという。しかし、そうした違反車が滅多になければ警察官も待ちぼうけであるから、そんなところで取り締まりをしていないはずである。たくさんの違反があるから、待ち伏せしているわけである。たくさんの違反があるということは、運転者が悪いのではなく、進入禁止の標識がわかりにくいためである。

　したがって、進入禁止の標識を、誰でもわかるところに設置すべきである。しかし、そうなっていない。なぜか。それは、警察は反則金を稼がないと仕事が減るという組織的バイアスがかかっているからである。そして、警察内部でも、反則金を稼いだことが評価される。だからこそ、警察組織が一丸となって一生懸命血眼になって違反取締りをするのである。これに対して警察は反論するが、それなら、なぜこうした違反しやすい標識の見直し作業を一斉にやらないのか。

　私（でなくても、普通の運転者）が走って見逃しやすい標識は無効と決めれば、全てすぐ是正されるだろう。

❸ 事故防止のための警察に

　解決策はどうか。交通警察は交通安全を目的としている。違反が故の反則金収入を上げることが目的となっては本末転倒である。警察当局は、もちろん、反則金収入を上げるために取り締まっているなどとは口が裂けてもいわないが、制度としてそのような偏向を生み出すようになっている。

　そこで、交通警察には、事故の発生減少を目的とする計画を作らせる。そして、事故が減れば、その署を評価する。できれば、署員の勤勉手当を増額する。事故防止対策の予算は、反則金収入ではなく、一般の予算を充てる。反則金収入は、交通警察とは関係なく、むしろ、事故で死傷した人の福祉給

付財源などに充てる。あるいは犯罪被害者給付金制度に使う。

　そうすれば、警察は、事故防止に熱心になるから、事故と関係のない軽微な違反の取り締まりに血道を上げ、事故を起こしそうな違反は見逃すという現状を改善できるだろう。警察は、それでは道路標識や信号機設置の予算がないなどと反論するだろうが、馬鹿高い自動車関係の税金を充てるべきだ。

　要するに、事故防止を基本に制度を設計し直すべきなのである。

　こうした取締りは、法的には普通は裁量の範囲内とされる。しかし、それが行き過ぎれば違法と評価されるべきである。

４ ネズミ捕りは違法だ

　筆者は次のような事件の代理をしたことがある。片側二車線、中央分離帯あり、反対側は離れており、歩道との間には柵があり、信号は1キロに1回くらいしかない、高速道路以上の立派な、ほぼまっすぐな国道（横浜357号線）で、昼見通しの良く、交通量の少ない時間に時速81キロで走ったら、そこが最高速度時速50キロに指定されていたので、31キロオーバーで、他の違反もあることから免許取消しになった事件である。50キロの指定はつい見逃したのだが、こんな立派な道路の最高速度は60キロとされるはずなので、一般の運転手の感覚からして見逃しやすいものである。

　情報公開で明らかになったことであるが、警察は、速度指定の時の文書には、指定の理由は何ら書いていないのに、裁判になったら、その手前の制限速度が40キロなので、一挙に60キロにするのは危険というのが公式見解と主張した。しかし、高速道路に入るときはゼロから60キロくらいには加速するものであるから、そんな腕の悪い運転手はいない。この道路の速度制限がその先3キロメートルにもわたって50キロであることは、上記の理由では正当化できない。しかも、その先、反対車線が中央分離帯の向こう側になって、危険な車は反対車線に飛び出すこともあり得るようになったところで、速度制限がかえって60キロになっている。これはおよそ一貫しない。他の道路と比べても、こんな道路は当然に60キロに指定されている。普通の運

2 交通取締りの濫用　15

〈ネズミ捕り〉の現場。横浜357号線。写真撮影：2006年6月24日午後3時。

転者なら、こんなところは時速100キロでも安全というはずである。

　要するに、これは現場の警察官がずさんに判断したのを公安委員会がそのまま認めて規制していたところ、裁判でずさんさがばれたのである。警察庁の交通規制基準で計算しても基本的には60キロとなる。

　しかし、裁判所は、それでも速度制限を60キロとか50キロにすることは裁量の範囲内という（東京地判平成19年7月19日、裁判長・大門匡）。

　そうであろうか。裁量といっても、合理的な考慮の範囲内での選択の自由のはずである。裁量といってもまっとうな裁量判断をしたことを証明すべきであり、ずさんな判断を正当化するものではなく、普通の人には考え付かない屁理屈で正当化できないはずである。裁判官は運転しているのだろうか。一般道路ではあるが、その最高の60キロに指定しないのは違法ではないか。

　実はこの裁判が終わってから、この道路は現状に変わりはないのに、最高速度60キロに指定された。警察は裁判中に60キロに見直すと敗訴を自認す

16 | 第1章　行政の組織的腐敗を正当化する無茶苦茶判決

ることになるとして、裁判が終わってから見直すのである。自分の顔を潰されないようにするだけである。

また、違反歴があったので、あわせて免許取消しまでいたったが、それも、前の大型車につられて進んだら、隠れていた信号が赤信号に変わったので、停止線を越えたところ（反対側の車が走る場所にまでは入っていない）で止まったとか、交通量のない場所での駐車違反といった軽微な事案であるが、警察はその時の状況の調査に応じないで、違反点数だけを主張している。判例では点数を取られただけでは取消訴訟を起こせず、点数が累積して、免許取消し・停止などになってから、前の違反を争うことになっているが、その段階では、過去の違反態様は明らかにできないのである。高裁、最高裁でもこの主張は通らなかった（『最高裁上告不受理事件の諸相Ⅱ』133頁以下）。

5 パーキングメーターと駐車禁止の行きすぎ

朝8時から夕方20時までは、パーキングメーターを使えば1時間駐車できる横浜の市街地で21時頃に駐車したら、放置違反金1万5000円を取られた事件の代理をした。そこは片側二車線の見通しの良い道路の車線の外のスペースで、交通量の多い昼は駐車を認めるのであるから、交通量の少ない夜は当然という筆者の主張に対し、横浜地裁平成25年9月11日判決（裁判長：佐村浩之）は、見通しが悪く、駐車している車への乗降、荷物の積み卸しのため事故が起きる可能性があり、近くに飲み屋があるから、飲酒運転を誘発するとして、この駐車禁止を適法とした。

しかし、この前半は、被告である警察も主張していないことであるから、弁論主義（当事者の主張した事実を基礎として裁判すること）違反である上、ここはまっすぐで広く、見通しがよいし、すでに暗くなった夜20時まではパーキングメーターを利用できるのであるから、21時でも明るさ暗さは同じである。交通事故の可能性も、昼はないということが前提で、パーキングメーターの利用が認められているのであるから、乗り降りする人がいても、夜も同じのはずである。駐車場があると飲酒運転する運転者がいるというなら、

近くの民間駐車場をなぜ禁止しないのか。たまに飲酒運転する人がいるから
といって、他の多くの人に飲み屋の近くにおける駐車を認めない理由はな
い。飲酒運転はそれとして取り締まるべきである。庶民が裁判員をすれば、
こんな所に20時すぎてから駐車しても、昼お金を入れて駐車するのと比べ
て危険になるわけがないと言うはずである。

　この判決の考え方によれば、世の中に泥棒がいるから、すべての人を捕ま
えよということにならないか。ところが、東京高裁平成26年1月30日判決（裁
判長・奥田隆文）も、広い裁量を認めて、実証的な根拠なく、この地裁判決を
是認した。裁判所が行政判断を正当化する手段は裁量であるが、裁量とは専
門的判断によるべきであって、ずさんな判断を裁量で正当化することはでき
ないはずであるし、事実を歪曲することは許されない。それは裁量濫用であ
る。

　佐村裁判長は、厚木基地訴訟では自衛隊機の航空を差し止める判決を下し
た（横浜地裁平成26年5月21日）。その落差の大きいことには吃驚する。こうし
て佐村裁判長は2014年6月和歌山地裁所長に出世した。最高裁はこの筆者の
主張を三行半で門前払いした（三行半については、第9章**5**）。

6 誤った駐車禁止立て札の例

　ある道路の一方側は、駐車できるのに駐車禁止の立て札が警察署長名で立
てられていた。反対側は駐車禁止になっていたがより安全であった。そこで、
この反対側に駐車したら摘発された。

　確かに、それは駐車違反ではある。しかし、これは、本来駐車できる場所
を駐車できないものと誤信させて、適法に駐車する場所の選択権を奪い、違
法に駐車するしかないように誤導されたものであるから、警察が過ちを犯し
た上で、それに誤導された庶民を取り締まるのは不正義であると、筆者は主
張した。

　しかし、裁判所（東京地裁民事38部平成18年（行ク）第194号執行停止申請事件
平成18・9・12決定、東京地裁民事2部平成19年（行ウ）第111号平成19・7・19判決、

裁判長・大門匡）は、警察署長名の立看板があっても、それを信用せずに、正式の道路標識を確認する義務が運転者にあるとした（『最高裁上告不受理事件の諸相Ⅱ』161頁）。しかし、なぜそんな義務が庶民にあるのか。その前に、警察署長が誤った立て看板を立てないことこそ肝心ではないか。この高裁（東京高裁民事9部平成19年（行コ）平成20年3月12日判決、裁判長・大坪丘）も、「付近に適当な駐車場所がないと判断したのが誤解によるものであったとしても、又、その誤解が警察の立てた立て看板の不備によって引き起こされたものであるとしても、その判断は変わるものではない」とする（『最高裁上告不受理事件の諸相Ⅱ』220頁）。

　これは、取締りに当たる専門家である警察官の違法は見逃し、庶民の軽微な違法は取り締まるという本末転倒の事態である。しかも、なぜ変わりはないのかは何ら指摘されておらず、筆者のこのような主張を退けるまともな理由は付いていない。裁判所はなぜ官の違法は見逃すのであろうか。官に違法に取り締まられないように、私人の自由権を守るのが憲法なのである。

　しかも、このような誤った立て看板を立てた警察官はたぶん処分されていない。むしろ、こうして、警察は、誤った立て看板を立てて、反則金を稼いでいるのであるから、誤った立て看板を立てた警察官は案外警察の功労者ではないか。

　この判決は、警察の組織的腐敗を助長する裁判所の中東の笛判決（「はしがき」）というしかない。

3 リフォーム業者事件

■1 クレーマー消費者をそのまま信ずるずさんな消費者行政

　私が代理人の1人となっていた消費者訴訟は、消費者の側に立っているものではなく、事業者の側に立つものである。世間では、阿部もついに悪徳業者の味方になったのか、落ちたものだと思う人がいるかもしれないが、そうではない。消費者といっても、人間であるから、数の中には、契約をしたの

に、無償で解約したいがために、契約を押しつけられたとか、仮の契約だったなどと嘘を言う者がいるのである。いわゆるクレーマーである。それも事業者の必要経費と思う人がいるかもしれないが、安い必要経費ではない。

その消費者が、消費者センターなどに苦情を申し出ると、行政部局は、消費者の言うことはまるで神様の言うことのように、そのまま信じて、業者を処分してしまう。消費者を疑うと申告してくれなくなるからとも言う。その上、処分事実がホームページに5年も公表されている。業者は、違法行為をしていないが、やむなく、法律の要求以上に改善措置を講じて、消費者には被害を及ぼさないようにしても、なお、そのまま公表が継続される。このインターネット時代では、消費者は、業者の名前をgoogleで検索すれば、公表されていることを即時に知って、契約を取りやめる。このような消費者行政は違法であり、かつそれは業者に極めて重大な損害を及ぼす。

筆者は、このような違法行政から事業者を守ろうとしたのである。消費者の嘘を信じて優良業者を社会から葬ろうとすることは、およそ法治国家ではないし、多数の消費者の利益にも反するし、資本主義社会の存立基盤を根底から覆す。これは法治国家の実現、違法行政との闘いを信条とする私の立場と完全に一致する。

2 都からの処分

依頼者の会社は、2005（平成17）年7月12日、東京都知事から特定商取引に関する法律（以下「特商法」という）第7条の規定に基づく指示及び東京都消費生活条例（以下「本件条例」という）第48条の規定に基づく勧告（これらの指示及び勧告を併せて、以下「本件処分等」という）を受け、翌日東京都のホームページにその内容が公表された。

これは、A・B・C3名の消費者との契約締結及びその解約に際し、同社に特商法・本件条例違反があったと東京都知事が判断したもので、A・C案件では、重要事実の不告知（見積書と同一綴りの複写式契約書が契約書であることの説明をしなかったこと）、B案件では、迷惑勧誘（営業員が長時間にわたり勧誘し、

虚偽説明をしたこと）が、それぞれ主要な処分理由とされている。

　同社は、この処分理由に明らかな事実誤認と法令解釈の誤りがあると考え、2005年12月以来、本件処分等及びその公表について、行政訴訟及び国家賠償請求訴訟においてその違法性を争ってきた。

③ 都の処分の誤り

　同社は、創業以来、施工・金額等に関する見積書の記載を正確に再現し（写し間違いを防止し）、消費者に迅速なサービスを提供するために、複写式の契約書と見積書を利用していた。A案件では、営業員が、見積もり後に契約締結のために「契約書」と明記された書面への署名押印を求めたところ、Aはこれに応じ署名押印した。しかし、Aは、後になって「契約書は見積書であると勘違いした」と主張して、東京都もこれを認め、その勘違いは営業員の説明不足のためであるとして、重要事実不告知の法令違反があるとされたものである。

　しかし、大きな字で「契約書」と明記されたすぐ下の欄に住所氏名を記載、押印したにもかかわらず、それを見積書だと勘違いした、説明が不足していた等という消費者は、契約件数延べ約8万5000件のうち実にごくわずかに過ぎない。これで法令違反とされるような説明不足があったとはとうてい考えられない。しかも、Aは署名押印の際に「契約書」の文字に気づかなかったのは、自分の眼疾（緑内障）による視野欠損のためだとしている。それならば、そのような事情を全く知らない同社の営業員の説明不足が法令違反にあたるはずはない。したがって、東京都の行政処分には重大な事実誤認と法適用の誤りがある。

　しかも、見積書と契約書を誤認混同させて契約を一時的に騙し取ったとしても、その後必ず消費者トラブルとなり、同社は前金を取っていないので、工事をしなければ代金を取ることもできず、マンション・リフォームの場合には管理組合により当該マンションへの出入りも禁止されることになるので、そのような悪徳商法が成り立つとは到底考えられない。契約を取ったら

代金（少なくとも前金）を取って逃げるか、粗悪工事でごまかして逃げる悪徳商法とは違うのである。また、この業者は、多くの団地で繰り返し風呂や台所のリフォームを行い、リピーターも多いので、消費者に信頼されているのであって、こうした悪徳商法をする動機もないのである。

また、B案件は、営業員が、消費者B宅で17時から22時まで長時間勧誘を行い、疲れ切ってボーっとなってしまったBから無理やりに契約を取ったとして迷惑勧誘にあたるとされたものである。そこで、この会社は、営業員が17時に行って、見積もり、契約を終え、消費者宅を19時に辞したという証拠として駐車場の領収書を提出した。そして、営業員の証人尋問も行った。

さらに、依頼者の会社が悪徳商法をする動機もなければ方法もないことを説明する。同社は、団地の風呂や台所のリフォームを業として業績を上げてきた。パナソニックなどの1流メーカーと現金取引をし、注文した以上は返品しないこととしているので、一流商品を非常に安く仕入れることができる。消費者が消費者センターに問い合わせるときも、こんなに安くて大丈夫なのと言われることが少なくない。ただし、消費者から契約を受けて、前金ももらわずに、発注したあとで、解約されると、納期の関係で返品できず、商品も、消費者の希望により色とか型とか種々個性があるので、他の消費者のために転用することはできず、大損を生ずる。消費者はまだ金を払っていない（前金を取っていない）から、解約できるだろうと思うかもしれないが、一方的な解約に簡単に応ずるわけにはいかない事情があるのである。

❹ 裁判所の無茶苦茶な一方的な判断

① ところが、頼みの東京地裁は、驚くなかれ、何ら理由を付けることなく、消費者の言うことは全部信用できる、業者の営業員の言うことは全部信用できないというだけの判決を下した（東京地裁平成17年（行ウ）640、641号事件平成20年3月14日判決、裁判長・杉原則彦）。しかも、裁判所は、駐車場の領収書を完全に無視した。重要な証拠を無視するのは採証法則違反だし、消費者だって、嘘を言う者はいるし、会社員だからといって、偽証罪を覚悟の

上嘘ばっかり言っているわけはないのに、頭から、重要な証拠を無視し、消費者のいうことはすべて信用するというのは自由心証主義の限界を超えている。

②　控訴審の冒頭で、東京高等裁判所富越和厚裁判長から、東京都に対し和解勧告がされたが、東京都がこれに応じなかったため、最終的に、2009（平成21）年4月15日に判決が出された。その裁判では、この消費者を尋問したら、17時から22時までどんな迷惑勧誘があったのか、説明できなかったのに、営業員が帰ったのは、22時だったということだけは覚えているのである。このような供述は信用できないはずである。この訴訟の経過に鑑み、筆者らは、同社の勝訴を確信していたし、被告の都の職員は敗訴を覚悟したのか、被控訴人席に座らず、傍聴席にいたが、東京高裁平成21年4月15日判決の結果は、一部同社の主張を認めた（Cに関する部分は処分の根拠とならない。後記）ものの、予想外の敗訴であった。

その内容を見ると、東京高裁は、営業員が契約当日にB宅付近で利用した駐車場の退出時間を記載した領収証などの客観的証拠から、営業員が顧客宅に「5時間もの長時間滞在したという供述部分についてはにわかに採用することができない」として、19時に辞したことを認めた。Bの主張するような5時間にも及ぶ長時間勧誘の事実はなかったと認定したわけである。これでBの供述の信用性が完全に失われるはずである。

しかし、東京高裁は、「顧客の供述するような勧誘態様があったことと相容れないものではない」として、22時まで粘ったと同じと判断した。17時から19時までの2時間では、家の中のリフォームを要する場所を計測して見積書を作成して、説明して、契約書を作るだけで終わるはずで、強引な勧誘などできるわけがない。事実誤認である。そして、これは、Bも東京都も主張していない事実で、いわゆる弁論主義（事実は当事者の主張に基づいて判断すること）違反である。こうした判決を下した富越和厚東京高裁裁判長がその後東京高裁長官と出世し、公害等調整委員会委員長という行政官に天下りしているから、ますます吃驚ものである。役所を勝たせた論功行賞ではないの

かと疑念を持つ。少なくとも役所を負けさせては、定年後役所のポストは用意されまい。

他方、東京高裁は、C案件については同社の主張を全面的に認め、Cの供述を記載した書面など東京都側の証拠の信用性が低いとし、同社に法令違反の事実があったとは認められないと判断した。

刑事事件のえん罪は、被告人は怪しい、目撃証言、被害者証言、警察の証拠は全部信用できる、つじつまの合わないところも、有罪のほうへつじつまを合わせるということで作られている。この高裁判決は被告の都も主張しないことを認めたもので、弁論主義違反である上、不可能なことを、「相容れないものではない」というだけで、したことにされるのでは、誰でも違法行為をしたことにされる。刑事事件で、被告人の行為であることを立証せずに、被告人がしたと考えても矛盾しないというので有罪とするのと同じである。これでは「明日はあなたも殺人犯」（瀬木比呂志著『ニッポンの裁判』〔講談社新書、2015年〕の表紙）になる。

なるほど、刑事事件のえん罪と同じことが、行政事件でも起きているのだ。刑事事件のえん罪を借りて、**行政えん罪**というべきだとわかった。日本の行政裁判は一体何をしているのか。えん罪は絶対に防がなければならない。官僚裁判官の司法「独占」が「独善」、「独断」になっている。

③　さらにお上の通達を信用したのが違法とされるという逆転現象が生じている。

クーリングオフの規定（特商法9条）は、「その住居において……契約の申込みをし、又は……契約を締結することを」「請求」した者に対して行う訪問販売」（処分当時の特商法26条2項1号。現行26条5項1号）には適用されない。つまり、消費者から「請求」があればクーリングオフの適用がない。

その意義については、本件処分当時妥当していた旧通達では、「請求」の程度は、「契約の申込み」又は「契約の締結」を明確に表示した場合、すなわち「○○を購入するから来訪されたい」等の明確な意思表示があった場合に限られていなかった。すなわち、請求の趣旨が、例えば、「工事箇所の下見、

工事の見積もりをしてほしいので来訪されたい」「○○のカタログを持参されたい」等取引行為を行いたい意思があると認められる程度であればよい」と具体的に明示されていた。

この業者は、この旧通達の文言を信頼して、顧客から「見積もりに来てほしい」とか「カタログを持参されたい」といった来訪依頼があった場合には、「請求」に当たると解し、特商法の適用除外となるものと理解してきたのである。

この点、この事件後に出された新通達では、この旧通達の上記引用部分が削除されたが、一審判決は何ら理由をつけることなく、新旧通達の意味は同じであるとした。控訴理由書では、この点をも事後立法であるとして指摘したところ、東京高裁は、さすがに第一審判決の明白な誤りは繰り返さなかったが、旧通達を前提としても、申立人の解釈は「独自の見解」だとしている。

すなわち、「旧通達は、消費者からの『請求』に係る消費者が用いた表現について、契約の申込み又は締結を明示的に示す語が用いられていなくとも、その意思が認められる場合として、工事箇所の下見、工事見積もりのための来訪依頼やカタログ持参の依頼を例示するが、れはあくまでも例示であり、このような表現がされれば、常に、契約の申込み又は締結の意思が認められるとするものではない」と。

しかし、これは一見明白に誤りのある解釈である。「工事箇所の下見、工事見積もりのための来訪依頼やカタログ持参の依頼」はたしかにあくまで例示であるが、例示ということは、その例に当たれば、該当するというのが普通の日本語の読み方である。「このような表現がされれば、常に、契約の申込み又は締結の意思が認められるとするものではない」というのであれば、そのような例を挙げるべきではなく、あるいは、例を挙げるとしても、その例に当たるだけでは足りず、さらに、「契約の申込み又は締結の意思が認められる」ことを要すると通達で指摘しておかなければならないはずである。

むしろ、誤った通達を出した経済産業省を指弾せず、それに従った業者を処分するのでは、天地が逆さまになっている。

3 リフォーム業者事件

5 行政の腐敗

前記**3**のように、筆者らが、都の行政の違法を裁判で指摘したので、行政側は、間違えたと気が付いたはずであるから、降りるべきだが、先輩、組織がやったことは、役人無謬論のもとに、完全主義で、徹底的に守り通す。組織の病理・組織の腐敗である（「組織の腐敗・組織的違法(特に行政のそれ)をなくす法システム創造の提案(1)(2)」自治研究86巻9号、10号〔2010年〕)。しかも、東京都はこの事件で、虚偽の申告をした消費者を支援するため、わざわざ公金で支援し、消費者弁護団に依頼してまで、自己の身を守った（「東京都の消費者支援プログラム」自治実務セミナー2012年2月号)。

6 都のホームページの修正要求無視

同社は、少なくとも東京高裁が同社の主張を採用した点について、東京都に対し、そのホームページ上公表されている事実を訂正するよう求めたが、都は頑固にもこれに応じなかった。

7 残念な最高裁

そこで、これらの重大な事実誤認と法解釈の誤りについて、同社は、最後の正義の砦であるはずの最高裁判所に上告及び上告受理申立てをしたが、最高裁は、この申立てを門前払いした。これでは日本は司法国家ではない。高裁判事のやり放題国家というしかない（『最高裁上告不受理事件の諸相Ⅱ』295頁以下)。

8 国家賠償訴訟も挫折

また、同社は本件処分等による風評被害のために打撃を被っているので、これらのいわれのない損害について、東京都に対し国家賠償請求訴訟を提起したが、2011（平成23）年9月30日東京地裁（裁判長・斎藤清文）で敗訴判決が出た。行政えん罪の繰り返しである。ああ、司法の死!! これらの判決を出した裁判官や担当の都の職員は職権濫用罪を犯しているのではないか。

4 パチンコ店・神戸市の要請により移転・店舗剥奪事件

❶ 神戸市から頼まれて、市長の公印付きの文書で戻る保障 付きで移転

これも筆者が代理人の一人として敗訴して上告した事件である。上告受理申立て理由書の要旨を掲載する。

パチンコ店経営者である原告が、公共事業（神戸市営地下鉄の駅＝湊川公園の出入口設置）に協力して一時移転してほしいという神戸市の要請を受け、従前地での営業再開を保障する旨、神戸市長が記名押印した契約書面（協定書）及び警察署長の確言（戻るときは従前地でのパチンコ店営業の保障、近隣に学校があると認めないという規定の例外条項の活用）を得て、1983（昭和58）年、これまでの店舗（本店）を取り壊し、形式上の行政財産〔湊川公園の地下部分で、公共の用に供していない空間〕（本件事業用地）において使用許可を得て仮店舗を建設、営業していた。

❷ 風営法改正にもかかわらず従前地に戻れるまで使用許可 するとの協議書

その後、この例外条項を廃止する1984（昭和59）年の風営法改正のために、従前地での営業再開が法律的に困難となったが、神戸市は1995（平成7）年、市長名の公印付きの協議書を原告に交付して、従前地でパチンコ店の営業を再開できるまで本件事業用地の使用を許可すると約束した。

❸ 正義に反する高裁判決

大阪高裁判決（平成24年（行コ）第85号、平成24年11月30日、裁判長・渡邊安一）は、この協議書につき、震災特例による許可がされるまでという意味であると、契約書のどこにも書いていないのに勝手に解釈したうえ、特例許可制度が実現しなかったので、本件使用許可を打ち切ることができると判断した。

原告は、神戸市の要請を受け、戻って営業できると言われて、多大な損失を覚悟して、移転したら、戻るところはありませんが、ただで出なさいと言われたのである。そして、裁判所は、これを是認したのである。完全に正義に反する。

　原告と神戸市は、風営法改正後、この店舗の移転先について何度も協議し、神戸市の方から打ち切ったのであるから、この協議書につき、震災特例による許可がされるまでとは誰も解釈していなかったのである。この判断は、証拠もなく明らかに客観的事実に反する事実経過を前提とし、また、当事者間の認識にも反するものである。その後、神戸市と原告の協議文書が情報公開により明らかになったが、神戸市でもこの協議書につきそのような解釈はしていなかったことが明確に判明した。のみならず、一時移転を依頼した神戸市は、利益を受けるだけで何らの損失を被ることなく、かえって依頼を受けてこれまでの店舗を取り壊してやむなく移転、協力した原告が、法令改正のリスクをすべて負うべきものとなったことになる。

　たとえ施策協力者が一店舗の営業権を喪失することとなった場合でも、行政はいかなる補償、代替地の提供もすることなく、長年現に継続し、近隣でも継続されてきた行政財産の使用許可（原告以外で同様に公園下を使用している者は、神戸市から頼まれて使用しているのでもないにもかかわらず、追い出されることはない）を打ち切ることが違法でないと判断したわけである。原告は神戸市の要請に協力したら、店舗を失ったのである。

　神戸市は、移転先の斡旋をしたが、そのときは遠方の新規開発地（脇浜）で、顧客が来るかどうかわからないのに、2001（平成13）年に12億円の提示をしてきた。原告はそれでは到底経営が成り立たないと、6億円でと申し入れたが、それで斡旋は終わった。判決は、原告が「過大な要求」をしているとして、斡旋がまとまらないのは原告の責任としたが、実はこの土地は後で2005（平成17）年に5億4000万円で第三者に売却していた。地価が下がっているほか、この土地は種々瑕疵等があるとして30％減額していた。そして、2001年の12億円の提示は、1年前の公示価格によっていたので、その修正と

上記の減額をすると、この土地の価格は、7億5000万円前後であって、原告の提案が過大であるというよりも、神戸市が恩義のある原告に高く売りつけようとしていたことが露呈した。

したがって、この判決は、正義公平、信義誠実の原則に反する。そして、それは、契約の合理的意思解釈方法を明白に誤ったものであり、また、合理的な理由を付けられないために、理由不備、理由齟齬、事実誤認、採証法則違反、弁論主義違反等が多数存在し、原判決が適法に認定した事実として、最高裁が法律判断の前提とする事実さえ認定されていない。高裁判事のやり放題である。

◢4◣ 三行半の最高裁

したがって、原判決には法解釈上重要な誤りがあり、上告受理申立てを受理の上、破棄されるべきである。

これでも、最高裁第二小法廷は平成26年12月24日三行半（第9章**5**）の通知をしてきた。なんというクリスマスプレゼント。ああ、高裁判事のやり放題、司法の死。

5 トンネル退職金、給与条例主義を無視

◢1◣ 共済会を通じたトンネル補助金

競艇の臨時従事員にトンネル共済会を通じて離職餞別金を払った例がある。鳴門競艇の臨時従事員は、登録はしているが競艇のあるときだけ日々雇用されるので、長年登録して、定年扱いで登録を取り消しても、6ヶ月以上勤務した者に与えられる退職手当になじまず、条例上退職手当の制度もない。したがって、退職手当は支給できない。鳴門市は、そこで共済会を設立して、それに離職餞別金補助金を支給して、それを迂回して、登録を取り消した臨時従事員に離職餞別金を払ってきた。

これは退職金の一種であるから、給与であり、給与条例主義（地方公営企

業法38条4項）のもとで、給与の種類と基準を条例で定める必要がある。

❷ 給与条例主義違反の地裁判決

　しかし、徳島地裁平成25年1月28日判決（裁判長・斎木稔久）は、臨時従事員には「実質的」に退職金を払うべきであるからとして、この扱いを適法であるとした。

　公務員関係で退職金を払うべきかどうかは裁判所が「実質的に」といって決めることではなく、議会が条例の形式で決めることである。鳴門競艇は大赤字であるから、議会が判断すれば大幅減額又は払わないという判断もありうることである。行政部局が退職金支給目的で、補助金規程で補助したことを裁判所が正当化することは、給与条例主義に明白に違反する。

　これは法治行政の意味を理解せず、民事的な発想で、実質判断したものであろうから、裁判官は内科の学力で、耳鼻科や眼科、脳外科を見ていることになる。誰もそんな医師にはかからない。しかし、司法は、権力を独占し、我々は裁判官を選べない。それでも、理不尽な行政に耐えきれず、正義を求めるなら、裁判官に頼るしかない。内科を一応学んでいれば、耳鼻科であろうと、脳外科であろうと、少しはわかると当てにして。しかし、その期待は往々にして裏切られている。

　筆者は類似の事件を同じ斎木裁判長の処に提起していたので、忌避申立てをしたら、かえって、斎木裁判長は京都地裁裁判長に出世して、小職の事件を離れた。

❸ 高裁判決もほぼ同じ

　高松高裁平成25年8月29日判決（裁判長・金馬健二）も原告の控訴を棄却した。理由はほぼ地裁通りである。臨時従事員に払った離職餞別金は退職金として相当であるから、これを補助金として払うことには地方自治法232条の2に定める公益性があるとも付け加えた。しかし、退職金としていくら払うかは議会が条例の形式で決めることで、裁判所が相当だと勝手に判断するこ

30 ┃ 第1章　行政の組織的腐敗を正当化する無茶苦茶判決

とは許されない。それは議会の権限簒奪である。そして、給与条例主義に反する違法な支出を目的とする補助金に公益性はない。驚くべき判決である。

4 遡及条例で違法を帳消し

年度だけ新しい同種の事件で、徳島地裁平成26年1月31日判決（裁判長・黒田豊）は、今度は、新給与条例で臨時従事員に退職金を支給すると規定したから、先の支給は遡及して適法になったと判断した。しかし、地方公営企業法38条4項では、給与の種類と基準を条例で定めなければならないとしているのに、この条例では単に退職金を支給するとしているだけで、基準を何ら定めていないし、そもそも、臨時従事員に支給したのは共済会であって、鳴門市ではないし、鳴門市は共済会に補助金を支給していたにすぎないので、事後に条例で退職金を支給すると規定しても、これらの行為を正当化できるはずはないのである。しかし、高松高裁平成26年8月28日判決（裁判長・山下寛）も一審判決をほぼ是認した。

こうして、裁判所は、何度も、公務員の給与に関する基本原則である給与条例主義を無視している。裁判官は往々にして、結論を先に決めて、それに合わせて判断すると言われるが、そうであっても、法の大原則を無視することは許されない。これらの事件で、依頼者も筆者も、正義と法律の味方と信じていた裁判所に対する信頼を完全に失った。

5 やっと光明の見えた最高裁

この事件は上告中であるが、すでに2年も経つのに最高裁からは返事がない。こんな事件はすぐ破棄差し戻しすべきであり、何を悩んでいるのだろうか。

他方、1979（昭和54）年から2012（平成24）年まで地方公務員法3条3項3号の非常勤嘱託職員としての任用通知を受け、1年間の任期を繰り返し、市の中学校図書館の司書として、勤務日及び勤務時間は常勤職員と同様に勤務していた職員が退職手当を請求した福岡県中津市図書館司書事件において、

5 トンネル退職金、給与条例主義を無視 31

福岡高裁の判決は、この司書の職は一般職に当たり退職手当請求の要件に当たるとしたのに対し、最高裁第三小法廷平成27年11月17日判決（平成26年（行ヒ）第129号）は、原告（被上告人）は、地方公務員法3条3項3号の特別職の非常勤嘱託職員として任用されていたのであるから、勤務日及び勤務時間は常勤職員と同一であること、中学校の校長の監督を受けていることを考慮しても、その地位は特別職の職員に当たり、退職手当条例上特別職の職員には退職手当の適用がないと判示した。

　これは、一般職と特別職の区別、地方公務員法3条3項3号の非常勤嘱託職員であるとの任用通知の文言を重視したものである。この原告は、長年一般職の職員と同様に勤務していたのであるから、一般職の職員と差別される理由はなく、実質解釈をすれば、一般職の職員と同様に、退職金を支給すべきであろう。

　しかし、最高裁は、実質解釈ではなく、退職手当条例は、特別職には退職手当を支給しないとしていること、その任用行為は特別職とされていることという形式を重視したものである。

　これは実質判断をすれば、退職金を支給すべきであり、福岡高裁もそう判断した。最高裁は、実質判断しないとの立場を表明したのであるから、鳴門市の臨時従事員についても直ちに同様の判決を出すべきではないのか（このように書いていたら、最高裁から、この2件とも、2016年3月になって口頭弁論を開く予定なので日程調整をするとの連絡が来た。やっと、下級審の誤りを是正してくれるのかと期待する）。

6 保安林指定不解除の違法を免責した事件

◼1 事案の経緯

　原告の山林は森林法により保安林に指定されていた。その土地の地下には窯業の原料になる粘土などが大量に存在する。そこで、原告は、粘土掘削、つまり鉱山開発のために保安林の指定解除を申請した。地元の窯業界の期待

にも応えるものであった。

そして、県段階で事前審査を受けてから、正式の許可権者である農水省（実質は林野庁）の審査を受けることになる。

原告の申請は県段階の5年間にわたる審査を受けて、問題はほとんどなくなっており、林野庁に進達された。許可基準を満たしたはずである。そして、国会答弁によれば、林野庁は進達された案件5000件で不解除にした例はないという。要するに、県段階の審査で実質は林野庁が審査しているのである。

しかし、この事件では県から進達を受けた林野庁はわずか実質6日の審査で不解除処分をしてきた。理由は付いていなかった。申請者が催促すると、7日後にようやく7項目もの想定外の簡単な理由を付けてきたが、それには作成者名も文書番号も記載されていない公文書の体をなさないものであった。不解除事由があることについて、県が申請者を指導している間、県から協議を受けていた林野庁は気が付かず、進達を受けてからわずか6日で気が付くということはありえないし、そういうことがあれば直ちに不解除処分をするのではなく、申請者に申請の変更などを求めるべきである。

② 政治の圧力

実は、この事件は、民主党政権下で、環境などの理由に藉口して、この保安林指定解除に反対する地元市の意向を受けた衆議院議員と大臣がこの地元出身のため鶴の一声で解除を拒否し、理由を後付で付けさせたものと推定されるのである。

これに対して異議申立てをしたが、半年も経って、いい加減な理由ではねてきた。訴訟になっても、半年も返事をしなかった。ようやく付けられた理由も杜撰、誤魔化しの理由だということが訴訟により露見している。まっとうな処分であれば、こんなに時間をかけずに反論できるはずであるから、これだけで処分は黒なのに、裁判所はそのような心証を取っていない。なぜ役所に甘いのか。

また、民主党の政治家になると、権力者になると、なぜかくも勘違いして、

6 保安林指定不解除の違法を免責した事件 33

国家の法を破るのか。文科省の方針で行った大学設立認可申請に対し、直前に決定権は自分にあると法を無視して不承認にする意向を示した田中真紀子大臣も同様である（詳しくは「政治主導の法治国家違反」法律時報85巻1号〔2013年〕96頁）。これなら、官僚主導の方がよほどましである。

　自治体にもこの種の例が少なくない。法治行政を知らない政治家は、一般職の公務員なら、能力不足で分限免職である。民主党から自民党へ政権が交代した今日、自民党は民主党時代の誤った政治主導の負の遺産を是正すべきである。

3 驚くべき判決

　ところが、この事件の名古屋地裁平成26年4月10日判決（裁判長・福井章代）は、林野庁は県と協議していたから、6日間でも不解除事由に気が付いたのであり、政治的な処分というのは憶測だという。しかし、それなら、申請者が県と協議していた段階で修正させるべきだし、不解除処分の理由は処分と同時に付けなければならないのにだいぶ後になって付けられたこと、異議申立てに対しても直ちに返事がなかったこと、県から林野庁に進達するといって相談に行ったとき、林野庁担当課長は不解除事由が残っているとは言わず、政治案件になっていると言ったこと、進達された案件で不解除になった例が5000件中1件もないことの説明が付かない。

　判決は、申請を処分要件に適合するように指導する義務はないと述べるが、それなら5年間も指導して、保安林の指定を解除できるようにして林野庁に進達された事実の説明も付かない。また、林野庁の通知でも、申請者に対する指導はきちんとやれ、それは林野庁と調整してやれとなっており、指導する義務はないなどというのは、自分の作ったルールにも、信義則にも違反する。

　しかし、名古屋高裁平成27年3月19日判決（裁判長・木下秀樹）もこれを維持した。なぜここまで、役所のやることを正当化しようとするのか。

　原告は疲れ果て、最高裁では三行半で撥ねられる可能性も高いことから、

上告を断念した。

7 たぬきの森事件

1 過失責任の原則の悪用

　一般的に、過失責任の原則がとられている(民法709条)。これは近代法における法の大原則の一つである。落ち度がないのに責任を問われるようでは、安心して行動できないからである。国家賠償法1条でも同様である。

　その結果、違法な行政活動により被害を受けながら、担当の公務員には過失はなかったと、泣き寝入りさせられるケースが非常に多い。また、裁判所は役所を勝たせよう（中東の笛を吹く）と思えば、役人の過失について大甘の判断をする。

2 安全認定の瑕疵

　その典型例が、東京都新宿区のいわゆるたぬきの森事件である。それは、都建築安全条例4条3項に基づく安全認定を得た土地を買って、建築確認を得てマンションを建設中に、隣人の提起した訴訟で、安全認定の違法を理由に、建築確認が取り消されて、マンションがほぼ完成直前に廃墟とされてしまった例である（東京高判平成21年1月14日民集63巻10号2657頁、最判平成21年12月17日民集63巻10号2631頁）。

3 法解釈の誤りの一般論

　この判決は安全認定を違法としたので、業者は、担当公務員の判断の誤りを理由に国家賠償請求をした。

　最高裁判例は、国家賠償において、ある事項に関する法律解釈につき異なる見解が対立し、実務上の扱いも分かれていて、そのいずれについても相当の根拠が認められる場合、公務員がその一方の見解を正当と解してこれに立脚して公務を執行したときは、後にその執行が違法と判断されたからといって、直ちに右公務員に過失があったものとすることは相当ではないとしてい

7 たぬきの森事件　35

る（最判昭和46年6月24日民集25巻4号574頁等）。

❹ 路地状敷地には2m幅の幅員を取ればよいという屁理屈

　前記の東京高裁判決は、都の建築安全条例4条1項により、敷地は道路に8メートル接しなければならないところ、路地状敷地の一部の幅員が4メートルしかなかったため、それを補うものがあるなら安全認定をすることができるという制度の下で、避難口がほかにないなど、8メートルの幅員と同等と評価できないとして区の安全認定を違法とした。

　新宿区は、この路地状敷地には2メートル幅の幅員を確保すれば6メートル幅員の建物を建てることが許されているので、本件通路は2メートル幅の通路＋建物もあることがある6メートル幅の土地の接道機能以上であるから、安全認定は適法と考えたもので、裁判所とは法解釈の見解が違っていただけで、過失はないと主張した。

　東京地裁平成26年2月4日判決（裁判長・山田明）は、それも「一応の解釈」だから、間違っていても過失はないと認めた。

　しかし、通路が2メートルの幅員しかなく、6メートルの幅の建物が建っていては、消火活動も住民の避難、救助も不可能であるから、安全と認定できるわけがない。しかも、建基法は1敷地1建築物の原則を取っている（建基法施行令1条1項）ので、路地状敷地には本来の建物と用途上不可分の門塀、車庫、倉庫くらいしか建たないのであり、そこに建物も建つことがあると考えるのは法制度上誤っている。さらに、新宿区の見解は裁判になってから主張した後付けのもので、他に例がなく、実務上の扱いも分かれておらず、根拠がないのである。そんな新宿区の解釈に「一応の合理性」もあるわけがない。前記の判例の判断基準にも反している。裁判所はこの主張に耳を傾けず、新宿区の屁理屈に騙されたのである。

❺ 役所は無責任、役所のミスで会社は危機

　さらにいえば、これでは業者は行政の安全認定を信用して建築して、何の

落ち度もないのに、大損害を被る。行政から許認可を得ても安心できないのでは資本主義経済は成り立たない。安全認定を間違えたのは新宿区と消防同意をした都であるから、それによる損害を業者に負担させるのはおよそ不公平である。それに、被告の新宿区は、住民が提起した前の訴訟で安全認定の適法性を主張する自分の解釈が通らなかったが、過失はなかったので賠償しないというのでは、何ら損することはなく、新宿区の解釈に何の権限も責任もない業者が安全認定を取り消され、賠償請求もできずに損するだけとなる。新宿区は前の高裁では裁判所に自分の解釈をきちんと説得できなくても（負けても何ら損することがないので杜撰な訴訟追行をしても）、損失は事業者に転嫁するだけである。これでは役所のモラルハザードを惹起する。間違えた者が損する仕組みでなければならないのである。

　東京高裁平成26年9月24日判決（裁判長・瀧澤泉）は、高裁における丁寧な主張に対してほとんど理由をつけずに排斥した。これは「法解釈に関する過失」の解釈の誤りで、最高裁判例にも反し、重要な法解釈問題であり、理由も不備なので、上告受理理由、上告理由になり、最高裁で逆転することが期待されたが、事業者は印紙代の負担（請求を10億円くらいに縮減して、600万以上）に耐えかねて上告を断念した。

8 公共施設管理者の不同意、山の開発阻止は市町村の恣意的判断

■ 山の開発には里道、水路の管理者の同意を要する

　都市計画法29条の開発許可を申請する場合に、開発行為に関係がある公共施設の管理者（道路、公園、下水道等の管理者）の同意を要する（都計法32条）。

　宅地開発、鉱山開発、廃棄物処分場の設置等をする際には、広大な山の所有権を取得するが、そのなかに、里道、水路がある。それは、もともと国有地で、市町村が法定外公共物として管理していたが、地方分権改革の過程で、市町村所有地となり、管理条例を制定している。開発業者は、里道、水路を付け替えて、その管理上支障がないようにして、市町村の同意を求める。

❷ 市町村の恣意的不同意

　地元市町村は開発反対の立場を取るとき、その手段として、公共施設管理者として、不同意にすることがある。反対理由は、環境保全とか廃棄物処分場反対などというものが多い。しかし、環境保全なら、環境法令に沿って判断すべきである。ただの荒れ地の山の開発の際に自然環境が害されるなどというのはいいかがりである。前記の保安林開発反対を唱える地元市の主張もこの類のものであった。これまでたくさん開発と称して、山を破壊してきたくせに。廃棄物処分場も、地元がいやなのは心情的にはわかるが、必要であるから、法的には廃棄物処理法で設置が認められるものを阻止することは許されない。公共施設管理者としては、公共施設に関係のない理由で不同意にすることは恣意的である。

❸ 賠償は認めるが、取消しを許さない最高裁

　そこで、開発事業者はその取消訴訟を提起するが、判例は、この同意が得られないために開発行為ができなくても、これは法律がこの同意を要件として開発行為を行うことを認めた結果にすぎず、この不同意それ自体は開発行為を制限禁止する効果をもつものではないとして、その不同意は処分ではない（取消訴訟の対象とならない）とする（最判平成7年3月23日民集49巻3号1006頁、判時1526号81頁）。

　難しい理屈であるが、要は同意するかどうかは勝手という趣旨のようである。

　私法上の財産所有者なら、それでよいかもしれない。自分の財産を売る、売らないの自由は絶対的であるからである。しかし、公共施設の管理者は、そうではなく、法律に基づいて公物管理権（財産としての管理ではなく、道路、公園等公共の用に供される公物としての管理権）を与えられているのであるから、公共施設の管理以外の観点から不同意にすることは違法である。このことはその後都計法32条にも明示されたが、従前からも同様に解されていた。この判決もこの不同意を、「公共施設の適正な管理上当該開発行為を行うこ

とは相当でない旨の公法上の判断を表示する行為」とする。そして、恣意的な不同意は他に問題のない開発を阻止し、適正な事業を挫折させ、財産権を殺すに近いので、この不同意それ自体が開発行為を制限禁止する不合理な効果を持つのである。事業者は、適法な事業なのに、破綻に瀕する。それは行政法規に基づくのであるから、行政処分として構成して取消訴訟で争わせるべきである。

　この最高裁判決を都市計画法の立法政策的判断として正当化する見解がある。しかし、公物管理権の恣意的な行使から財産権侵害を守ることは憲法原理であるし、この同意拒否が裁量濫用であれば国家賠償請求できることはこの事件の調査官も認めている（綿引万里子調査官解説・判解民平成7年380頁以下）のである。それにもかかわらず取消訴訟を許容しないことは、「受忍せよ、そして賠償を求めよ」という、かつてドイツにあったいわゆる警察国家的判断である。賠償金を払うから違法行為はやり放題でよいということである。しかし、法治国家では、違法行為は阻止できなければならないのであって、このようなことはとうてい許されない。これは筆者がかねて唱えていた説であり（『行政法の解釈』第12章）、この最高裁の原審の仙台高裁も認めたのに、最高裁が悪い方へ逆転させたのである。そして、それは市町村の恣意的判断、腐敗を助長しているのである。

9 騒音でも治外法権の大阪空港判決は廃止せよ

■ 航空行政権による民事差止め禁止

　いわゆる大阪空港（伊丹）訴訟において、近隣住民が深刻な騒音を理由に夜9時以降の航空機の運行差止め（民事訴訟）を求めたところ、最高裁は「航空行政権」なる新規の理論を創造して（捏造して）、公権力の行使である航空行政権を差し止めようとするのであるから、民事訴訟による差止めは許されないとして、職権を用いて、訴えを却下した（最大判昭和56年12月8日民集40巻7号1236頁）。日本では刑事訴訟のほか、行政訴訟と民事訴訟があるが、公

権力の行使を争うのは行政訴訟であって民事訴訟ではないとされている。この判決は、この訴訟システムの窓口を間違えたから門前払いとしているわけである。

❷ 裁判を受ける権利を侵害する違憲の判断

しかし、公権力とは、法律に基づいて行われる許認可など、個別の行為を意味するものである。航空行政権という、不明確で包括的なものが一体として公権力として、民事訴訟の対象とならないという思考はこれまでなかったものであるし、それでは、違法かどうかの判断基準も法律には規定されていないから、裁判もやりようがない。このような発想は法治国家で許されるものでもない。

また、最高裁は、「行政訴訟はともかく」として、行政訴訟が許されるかどうかさえ明示していない。これではどんな訴えを提起すれば窓口に入れてもらえるのか。ここで活用できる行政訴訟のルールは明確に存在しているものではないから、民事訴訟では救済しない、行政訴訟でどうなるかはわからないというのでは、裁判を受ける権利（憲法32条。その内容としての権利救済ルールの明確性と権利救済の実効性の原則）を侵害し、違憲である。

これは形式的には訴訟の窓口の間違い（適切な訴訟類型を利用せよ、民事訴訟なら許されないが、行政訴訟なら許されるかもしれない）を根拠としているが、実質的には、基幹空港の運用時間を裁判所が命ずることとなれば、航空行政にとって重大な不利益だという発想を背景とする裁判の拒否で、「空港の運用の差止め」は裁判の対象となる「法律上の争訟」（裁判所法3条）に当たらないというものと善解される。

しかし、原因は近隣住民に対する受忍限度を超える騒音であり、音には権力も非権力も、公法も私法もないし、たかが騒音被害について裁判所に裁判権がないとは言えないのである。行政訴訟としても、夜間運行禁止を求める適切なものは見あたらない。差止判決の執行方法があるのかという疑問が出されるが、履行されるまで一定の金銭の支払いを命ずる間接強制（民事執行

法172条）によればよい。実際有明海の開門をめぐる紛争では国に巨額の制裁金が課されている。したがって、この判決は裁判の拒否で違憲である。

3 差止め判決でも困らない

そして、民事訴訟で夜間運行禁止の判決が出ても、空港当局が、近隣住民に十分な移転補償を提案すれば、仮に応じない者がいても、もはや責任は空港当局にはないので、騒音を出すことが許されるというべきである。そうすると、空港の運営上困った事態は生じないのである。

4 厚木基地判決の誤り

厚木基地訴訟横浜地裁平成26年5月21日判決（裁判長・佐村浩之）は、自衛隊機の運航を公権力の行使として、その差止めを認めた。これは、自衛隊機の運行に関する防衛庁長官の権限の行使は、周辺住民に騒音の受忍を義務付ける公権力の行使であるとした判例（厚木基地最判平成5年2月25日民集47巻2号643頁）に従って、救済を図ったものである。

しかし、もともと自衛隊法には、近隣住民に騒音の受忍を義務付ける規定はないので、それは公権力の行使ではない。これは誤った判例であるが、横浜地裁はその誤りを逆用したものである。その上、判例は、米軍機の差止めは一切認めない。完全に無法国家・治外法権である。

10 北総鉄道運賃値下げ義務付け訴訟

1 異常に高い北総鉄道運賃

他の通勤線と比較して北総鉄道の異常な高運賃に悩む千葉県千葉ニュータウンの住民が、北総鉄道と同じ路線を京成スカイライナーが走るようになったので、線路使用料を北総鉄道にまともに払ってくれれば、北総鉄道の収入が大幅に増加して、運賃を値下げできるとして、京成と北総の間の安すぎる線路使用料認可の取消し、それを前提として、北総鉄道の運賃認可取消し、

値下げ義務付けを求めた。

　冒頭において住民にこれを争う資格＝原告適格の有無について争われた。鉄道利用者の権利は法律上保護されていないとする近鉄特急料金訴訟最高裁判決（平成1年4月13日判時1313号121頁）にならって、門前払い＝却下すべきだとの被告国の主張に対して、原告（筆者ら代理人）は、これを肯定する理論構成をしたが、裁判所は、原告17名全員を原告にして審理すると、それだけで3年もかかる、チャンピオンつまり代表を出せと指摘して、原告はやむなくこれに応じた。

　東京地裁平成25年3月26日判決（判時2209号79頁、裁判長・定塚誠）は、原告適格につき運賃認可取消し、値下げ義務付けの部分だけ認めた（東京高判平成26年2月19日訟務月報60巻6号1367頁もこれを維持。裁判長・坂井満）。

２ 違法だが有効？

　しかし、この判決は、線路使用料の認可は私企業間の契約の認可で原告らに直接の影響はないので争えない（原告適格なし）とした。しかも、線路使用料の認可は有効に存在するから、鉄道運賃の認可においては、それを前提として査定して良いとした。取り消されるまでは線路使用料の契約とその認可は有効であるというのである。これでは、線路使用料の認可が違法でも争う方法がない。

　しかし、取り消されるまで有効とは、取り消す手段があることを前提とする。線路使用料の認可を直接に争えないとするならば、その違法は、後続の運賃認可処分に承継されなければならない。また、線路使用料の認可は運賃に直接影響するのであるから、その取消しを求める原告適格を否定する手法は不適切である。この判決は違法な線路使用料認可を治外法権化するもので、まさに放置国家である。

　定塚裁判長はその後東京高裁判事を経て、法務省訟務局長に就任した。判検交流である。どうりで行政有利の判決を出すわけである。

　最高裁はこの筆者らの主張を認めなかったのか、門前払いであった（最高

裁第三小法廷平成27年4月21日決定）。

11 官民不平等の逆転判例

　役所が間違えても、それは別問題、私人の違法には変わりはないとして私人に厳しく当たる制度、判例が多い。

■1 教示の誤りで訴えの資格喪失

　不服申立て、訴訟の仕方は処分時に教えてくれることになっている（行政不服審査法57条、行政事件訴訟法46条）。しかし、それが間違えたとき、被処分者が教えられたとおりにすれば当然正しく扱われるものでもない。

　東京都から勧告を受けたとき、処分として訴訟を提起できるとの教示があったので、取消訴訟を提起したら、処分ではないものを処分として教示しても、処分にはならないとして、裁判所は取消訴訟を却下した（東京地裁民事38部平成20年3月14日判決、裁判長・杉原則彦）。

　これでは、役所はわざとでも間違えて、私人に余分な手間をかけ、正しい訴訟の提起を妨害して逃げ切れることになる。勧告の取消訴訟を提起せず、勧告を受けない地位の確認の訴え（当事者訴訟）を提起すれば良かったというのだが、この間には実質的には違いがないのであるから、東京都が処分と認めた以上は、それに従った訴えは適法と見るべきである。しかも、担当者が処分されることもないのは不正義である。

■2 税務職員の脱税加担

　税理士が、納税者から納税資金を預かりながら、納税者の申告をゼロと誤魔化した。そんなことが可能だったのは担当の税務署の役人と結託したためだった。悪いのは税務署と税理士である。しかし、納税者は、税理士を通じて、誤魔化しの申告をしたとして、過少申告加算税、重加算税を課された（いわゆる松尾事件）。

裁判所は、最高裁まで行ってやっと、これらの加算税を違法として取り消した（最判平成18年4月25日民集60巻4号1728頁、筆者の意見書が出ている。「税法における『正当な理由』『偽りその他不正の行為』『やむを得ない事情』等、いわゆる松尾事件意見書」租税訴訟学会紀要第9号）が、加算税を課されない「正当な理由」の判断基準は、「真に納税者の責めに帰すことができない客観的な事情」であり、納税者に厳しい。しかし、納税者の申告におけるミスは、税理士を信用したという程度であるが、税務署の方は故意の詐取であるから、その悪質さの程度は天地の差がある。納税者の落ち度は詐欺にあった落ち度に過ぎない。この事件では、納税者に落ち度があるかどうかではなく、税務署に落ち度があれば加算税を賦課することはできないと考えるべきであった。

　本来なら税務署が返還金につける還付金に重加算金を付加させたい。

❸ 違法行為をした教育委員会の処分

　都の教育委員会は、教育の現場での不適切な言動を捉えて教員を分限免職にしたが、実は都の方が数々の違法行為（原告の個人情報を都議に漏洩、思想改造的な研修強制等）をしていた。これでは手が汚れているので、クリーンハンドの原則に反する。処分の際には、処分者の違法行為も考慮の上処分に値するかを考えるべきである。

　しかし、裁判所（東京地裁平成18年（行ウ）第478号平成21年6月11日民事36部判決、裁判長・渡邉弘、東京高裁平成21年（行コ）第241号平成23年2月10日判決、裁判長・大橋寛明、判例集未登搭載、最高裁第三小法廷平成23年(行ツ)第203号・平成23年（行ヒ）第219号）は、この主張を完全に無視して、分限免職処分を適法としてしまっている（増田都子事件）（阿部『公務員関係3事件に関する意見書（1）〜（3・完）』自治研究90巻2〜4号〔2014年〕）。

❹ 論点の取り違え、秦野市地下水条例事件

　神奈川県秦野市において、高台の水道供給区域外で、農民が農家住宅を造るため、井戸を掘削しようとして市に相談したところ、同市職員は地下水保

全条例が施行されており、既存の井戸は許容されるが、新設は原則として禁止されていること、井戸設置を例外的に認める許可事由（水道水を用いることが「困難」であることなど）は存在せず、仮に井戸設置の許可申請をしても許可される可能性は非常に低い旨の説明をした。そこで、この農家は1000万円単位の費用をかけて、水道を延々と敷設しなければならなかった。

東京高裁（平成26年1月30日判例自治387号11頁、裁判長・貝阿彌誠、右陪席は前記の定塚誠判事）は、これは、いわゆる行政サービスの一環としての事前相談であるから、その説明は、許可申請に対する判断のような厳格なものではなく、条例や規則の一般的な内容や相談者から聴取した不確定な事実関係などに基づく概括的な説明に留まるので、事前相談を受けた職員は、条例や規則の内容が、一見して憲法や法律に違反していることが明らかな例外的な場合を除いては、その条例及び規則の有効を前提として、概括的な説明を行えば足りるのであり、対象条例や規則などが違憲又は違法であるかについて調査検討すべき義務まで負わないとして、この説明を適法とした（最高裁は不受理。筆者が原告代理人の一人）。2人もの「誠」判事の判決がまことかと吃驚。

しかし、この事件では、水道を引くのには1000万円単位の費用を要しても、「困難」に当たらないとして、井戸掘削の許可は出ないとの説明がなされたのであり、それは市内部の助役＝副市長を中心とする会議の決定によるので、単なる事前相談ではない。そして、原告は、地下水保全が必要であることは認め、この条例と規則自体が違法・違憲等と主張していないから、対象条例や規則などが違憲又は違法であるかについて調査検討すべき義務まで負わないとして原告を敗訴させたこの判決は論点を取り違えているのである。

わずか1軒の井戸水採取が地下水に及ぼす（ほとんどゼロに近い）影響（しかも、その分市の水道による地下水採取量は減少するから、地下水の涵養にはほとんど影響がない）と、生活に不可欠な水のために1000万円を負担させることを比較すれば、水道水を引くことが「困難」に当たることは明白で、井戸水採取禁止は、財産権の過大な侵害であり、違憲である。許可の見込みが低いという事前指導は、実は一軒認めるときりがないから例外を認めないという

方針のもとに水際作戦で断ったのであるから、「困難」なら例外を認めるという条例と規則を無視した説明をしたのであり、この規則の運用を誤った違法・過失があるというべきである。上告不受理とした最高裁は機能していないことを意味している。その上、原告は理不尽な敗訴の他に、14万円以上の訴訟費用を追加徴収されて、踏んだり蹴ったりである。

12 辺野古移転訴訟

　沖縄防衛局が、辺野古の海を埋め立てて、普天間の基地を移転しようとしている。現知事は、沖縄防衛局に対して漁業調整規則に基づき岩礁（珊瑚礁）破壊工事の停止を命じたところ、沖縄防衛局は農水大臣に審査請求を申し立て、農水大臣は即時に執行停止を命じた。これでは、同じ仲間が判断しているので、不公正である。国と地方の間の争いは、国から指示して、これを高等裁判所の判断を経て、代執行するという道があるから、それによるべきである。

　沖縄県前知事が公有水面埋立法に基づき沖縄防衛局に埋立てを承認し、現知事がこの承認を取り消した。国は高裁に訴えて代執行を求めた。しかし、その福岡高裁那覇支部の裁判長（多見谷寿郎）は、2015（平成27）年10月30日、急遽東京地家裁立川支部総括判事から転勤してきた。国の代理人はこれまで裁判官だった定塚誠法務省訟務局長。これも同じ仲間の判断の疑いがある。そこで、国有利な判断が想定される。これまでも、大事件では、国が負けないように裁判長の交代が行われたことが少なくない（伊方原発訴訟など）。

　ところが、裁判長は、国と沖縄県にいわば休戦を勧告し、それがまとまらなければ国地方係争処理委員会で争えと求めた。この和解が成立したので、裁判所は、判断する必要がなく、同委員会に回してしまった。同委員会の委員は、1回2万円か3万円の非常勤手当で、この大問題を判断させられるのだから、誠に気の毒である。

13『絶望の裁判所』

　以上の私見は、公表されているものを除き、信じられないというのがおおかたの受け取りようであろうが、最近も、『絶望の裁判所』（講談社現代新書、2014年）という書物が、これまで優秀な判事であり、『民事保全法』（判例タイムズ社）という名著を有する瀬木比呂志氏によって公刊されている。広告によれば、「最高裁中枢の暗部を知る元エリート裁判官衝撃の告発、司法制度改革をめぐる謀略、権謀術数に長けた最高裁判事、陰湿な人事で自由主義者まで排除する組織、セクハラ……。司法荒廃、崩壊の黙示録！」というのである。

　同じ瀬木著の続編『ニッポンの裁判』（講談社現代新書、2015年）にも、「唖然、茫然、戦慄、驚愕、日本の裁判は本当に中世並みだった」という帯がついている。問題の根源は、最高裁事務総局の人事統制、その元凶の最高裁長官だということである。そして、「超」絶望の行政訴訟、「刑事訴訟と並んで権力寄りの姿勢が顕著な日本の行政訴訟」（160頁）という。

　森炎『司法権力の内幕』（筑摩書房、2013年）も、裁判官を自動機械化された司法囚人として描き、裁判所の絶望的状態を描いている。

　森田義男『裁判所の大堕落』（コスモの本、2009年）は、主に土地建物の時価超過物件の違法を理由とする訴訟をたくさん起こして、行政側を論破したが、裁判所は理由にならない理由で行政を勝たせる。そこで、ブレーキ役がないので、役所は安心して好き放題をする。「行政べったりの行政訴訟こそ諸悪の根源」との怒りがこの本を一貫している。「役所を助け冤罪をつくり出す許されざる裁判所」、「『役所の味方』『庶民の敵』に成り下がった裁判所の実態」、「あきれてしまう裁判官のお寒い判断能力」、「役所や国に有利な判決ばかり出る行政訴訟の惨状」、「行政訴訟ははじめに結論ありきの八百長裁判」といった言葉が目次を踊っている。

　私見は独断的ではないとご理解いただきたい。

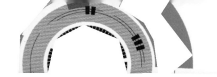

　行政訴訟では、被告の役所と裁判所は、リングに上がって取っ組み合いをしようとする原告をよってたかって突き落とそうとする。ようやく原告がリングにあがっても、裁判官はしばしば、行政側の法解釈を権威があると受け止めて、行政側の味方＝見方をすることが多い。すなわち〈中東の笛〉である。

1 やるだけ無駄といわれる行政訴訟と中途半端な行訴法改革

１ 訴訟要件の壁、土俵に上がりにくい原告

　行政訴訟は「やるだけ無駄」といわれてきた。まず、行政訴訟では、やたらと訴えが提起されないようにと（いわゆる濫訴の弊を防止するという趣旨）、行政活動が違法かどうか（本案という）を論争する前に、訴訟要件という、本案の門に入れない高い壁が設置されている。これには、そもそも行政訴訟の対象とならない（いわゆる処分性がない、確認の利益がない）、訴えを起こす資格（原告適格）がない、出訴期間が過ぎている、訴訟類型が正しくない（取消訴訟か、当事者訴訟か、民事訴訟かのいずれか等）など、ややこしいものが多い。原告は、訴訟要件という障害物〔行政側から見れば防波堤〕に阻まれ、門前払いになりやすいのである。

　行政訴訟は障害物競走のようなものである。あるいは、丁度、リングに上がって取っ組み合いをしようとしても、被告の役所と裁判所が、上がろうとする原告を突き落とすようなものである。

　従前の判例では原告適格が狭いため、たとえば、都市計画道路の事業認可がなされたとき、深刻な騒音、大気汚染を防止しようとしても、沿道者にはその取消しを求める資格（原告適格）がない（環6道路公害訴訟、最判昭和60年

12月17日判時1179号56頁）が、被害発生後の民事訴訟では実際上は救済され
にくい。行政指導、都市計画、通達などが違法で、実際上は私人の行動を大
きく制約する場合でも、「行政処分」ではないため行政訴訟では取り上げら
れない。処分を知ってから3カ月（2005年改正前）の出訴期間を過ぎると訴え
を起こせないなど、多数あった。

❷ 行政に有利な土俵

　このような訴訟要件の障害〔防波堤〕を乗り越えても、仮救済の門は極度
に狭く、行政の裁量は広く、資料もなかなか出てこず、裁判官はしばしば、
行政側の法解釈を権威があると受け止める。その上、裁判所が、行政側にだ
け、不明の点を聞きただす（釈明という）。原告を勝たせるための釈明は滅多
にない。つまりは行政側の味方（見方）をすることが多い。〈中東の笛〉と非
難されてもやむなしという状況が起きる。

　処分を受けてから争うにも、仮の救済（執行停止）は例外的にしか認めら
れないので、たとえば営業停止、許可取消を受けたら、万事休すである。

　被告の行政側は、下級審で敗訴しても、一般的な影響があれば、「まだ最
高裁がある」と頑張る。死刑囚が使ったと同じ言葉であるが、死刑囚と大き
く異なるのは、親方日の丸であること、負けても死刑になるどころか、出世
にも響かないことである。

❸ 争うとさらに不利なので、違法でも断念

　ここまで述べたのは制度レベルの不対等性であるが、実質的な不対等性は
さらに限りなく大きい。私人は、行政の許認可、監督、補助金、入札などの
業務請負等を背景とした圧力を受けて、時には江戸の敵を長崎で討たれる
（別件逮捕のごとし）おそれもあり、争えば次にいろんなところで徹底的に不
利に扱われる心配をして、とにかく、争うのを断念するのが普通である。

　筆者に相談に来て、行政の違法は明らかでも、泣き寝入りする人が多い。
下請けの中小企業が大企業を訴えると報復される心配をして、無理難題を聞

くしかないのと同じである。長いものに巻かれろが処世術、経営戦略となる。大企業は行政とは絶対争うことがなく、むしろ天下り役人を受け入れる。中小企業は争っている間に破綻するので、争う体力がない。

こうして、違法行政の中で法廷に出てくるのは氷山の一角であり、学者が取り上げるのはそうした例外事例なのである。日本で裁判が少ないのは、少なくとも行政相手の訴訟に関する限り、司法嫌いなどという文化レベルの問題（川島武宜『日本人の法意識』〔岩波新書、1967年〕）ではない。あるいは、裁判嫌いは、こうした裁判の運用を反映したものである。

4 ネズミがライオンに挑むがごとし

被告の役所は、税金で訴訟を行う。一審で敗訴して控訴するときは印紙を貼らなければならないが、税金で負担する。それぞれの行政部局が専門家として、違法ではない、裁量の範囲内だ、過失はないという、都合の良い資料だけを提出する。そして、国の場合には、法務省訟務局という組織が全国の訟務検事（公務員であるが、国側の弁護士）を動員する。地方公共団体の場合も、弁護士を雇うほか、国の訟務検事が指揮する場合もある。負けても何の損もない。第1章3 **5** で述べたように、事業者に対する処分で負けそうになったら、その原因となった消費者の訴訟を公金で応援する場合まである。

これに対し、原告は徒手空拳である。1億円の課税処分を最高裁まで争えば144万円もの印紙代に加え、弁護士費用、被告・行政側の手元にある証拠を収集することの困難さ、行政側が次々に案出する珍理論への対応、その間の休業や風評被害（公表されればなおさら。第4章4 **3**）等のため経営困難となり挫折しやすい。

こうして、個人が行政訴訟、国家賠償訴訟を起こすのは、機関銃を持つ敵に対して竹槍で抵抗するのに近い。まるで、ウサギかネズミがライオンに挑むようなものである。しかも、裁判官が、行政に有利に審理を進めることが少なくないところから、筆者は、ライオンは2頭いて、1頭は正面にいるが、もう1頭はどこから出てくるか、地から沸くか、天から降ってくるか、背後

から斬りつけてくるか、分からないと感ずるのである。

その結果、原告の実質勝訴率は数％（これについては、第2章2**❸**）で、訴訟数も、日本ではせいぜい年間2,000件、人口比でドイツの数百分の一、韓国、台湾の数十分の一にとどまる。日本の公務員だけが、違法行為をせず、国民は理由のない訴えを好んでいているというわけではあるまいし、上記の不利な状況にもかかわらず提起する訴えは、第1章、8章で述べたように、理由のあるものが少なくないはずであるから、この勝訴率の低さは異常である。

5 行政訴訟改革の成果

この現状を認識して、利用者に使いやすい行政訴訟の仕組みを導入するため、戦後最大の司法改革の中に、行政事件訴訟法の改正が取り上げられた。

2004年改正は、▽権利救済の実効性を目指す▽原告適格を拡大する▽生活保護の拒否や高校不合格といった「拒否処分」に対して、単に取り消すだけでなく、その支給や合格などの利益処分を決定させる「義務付け訴訟」とその仮の義務づけ制度を導入する▽免職や営業停止、改善命令などの不利益処分に対する仮救済である「執行停止」の要件を「回復困難な損害」から「重大な損害」に緩和する▽差止訴訟と仮の差止めを導入する▽出訴期間を6カ月に延長する——などである。

6 行政事件訴訟法改革後も不備な判例が多数

①なお不備な制度

しかし、積み残しになった課題も多く、この改正はこれまでの不備な法制度の下の判例を引きずって、中途半端で不明確である。

これまでの行政訴訟では、裁判官が法律を形式的に解釈し、救済を拒否する傾向にあった。そこで、筆者は、裁判を受ける権利を包括的かつ実効的に保障すること、不明確な法規は救済する方向で解釈すること、両当事者の対等性を確保することを法律に明示すべきであると提案したが、それは、行訴

法改正法の国会附帯決議に入っただけで、条文に入らないので、法改正後も裁判官はなかなかそのような発想をしない。

その後の判例を見ると、多少進んだが、本当に実効的な救済が保障されているわけではなく、論争ばかりで、原告はなかなか本案の争点について審理して貰えないケースが多い。

裁量を理由に杜撰な処分を正当化する判例は、前記のネズミ捕り、駐車禁止事件だけではなく、無数である。

②当事者訴訟

行政訴訟の中核である抗告訴訟の対象は「行政処分」である。これが狭すぎるので、広げよという主張がたくさんあったが、その概念は見直さない。したがって、抗告訴訟による救済は広げない。代わりに、行政処分に該当しない行為については公法上の当事者訴訟で救済するとのメッセージが流され、ある程度活用されるようになった。しかし、仮処分が実際上認められず（第1、第2類医薬品のネット販売禁止事件、仮の販売をする地位の確認は却下された。東京高裁平成24年（行タ）第111号 仮処分命令申立事件平成24年7月25日決定判時2182号49頁）、国を被告とする当事者訴訟では東京地裁しか管轄権を有しないので、地方の原告には裁判所は存在しないと同じ（東京に1つしかなかった戦前の行政裁判所と同じ）という重大な欠陥が残っている。

③仮の義務づけ

仮の義務づけ制度は、障がい児であるという理由で公立の保育所や幼稚園の入所を拒否された場合に活用されているが、たとえば、危険な原発や隣の違反建築に対する改善命令等第三者に対する義務付け訴訟は認められていない。

④裁判管轄

裁判管轄の不備は当事者訴訟について今指摘したが、取消訴訟などでも国の大臣の処分については、被告の国を管轄する東京地裁が原則で、ただ、全国8カ所の高裁所在地の地裁も管轄するように拡張された。しかし、たとえば、年金関係の処分は厚労大臣の処分なので、沖縄の住民も福岡地裁に出訴

しなければならない。これは、実際上は裁判を禁止するようなものである。国を被告とする訴訟は全国の地裁が管轄することとしても、被告代理人は全国にある法務省訟務局が担当するので困らないはずである。なぜそうしないのかというと、裁判所が行政訴訟の拡充を望んでいないためのようである（第4章1 ❶）。

⑤原告適格に関する判例の動揺

ⓐ 原告適格が争点とされる例

たとえば、営業許可申請をして拒否されたり、許可を取り消された人が取消訴訟を提起できるのは当然であるが、近隣に建設される鉄道や場外車券売り場が住環境を害すると不安視する住民、隣の違反建築が狭い道路にはみ出ているので、災害の時に逃げにくいと主張する住民、原子力発電所設置許可を不安に思う周辺住民（後記（ⓒ）、鉄道運賃が違法にも高く認可されたと考える沿線の鉄道利用者住民（後記ⓓ）、競争業者の許可を違法と考える既存業者（後記ⓔ）などが訴えを提起すると、原告として争う資格があるかどうかが最初の論争点となる。

法律上は、行政事件訴訟法9条において「法律上の利益」がなければ、訴えを提起できないとされている。行訴法改正においては、原告適格の基準である「法律上の利益」自体は変更しないものの、処分の根拠法令や侵害される利益など4項目を「考慮する」という手直しをした（9条2項）。また、「処分の根拠となる法令の規定の文言のみによることなく」という言葉を入れ、個別の法条の文言にこだわって、原告適格を狭く解釈する判例からの脱却を図ろうとした。

ⓑ 論点

法律上の利益については、学説は種々あるが、裁判所は、これらの許認可等の処分の根拠法規が原告の利益を個別具体的に保護していると解釈できるかどうかを基準とする。しかし、どの法律も、保護する対象は明示していても、それが一般的に保護しているのか、個別具体的に保護しているのかは規定していないので、解釈問題となる。それも基準がないので、裁判所の自由

1 やるだけ無駄といわれる行政訴訟と中途半端な行訴法改革 53

に任されていて、狭い上に、裁判所によって判断が分かれる。その争いだけ
で長時間を要する。

　なお、筆者は、これを解決するため、原告適格の判断は、簡明にせよ、法
律の保護範囲内にあれば、相当の不利益を受けたというだけで認めよと主張
している（「行政訴訟における訴訟要件に関する発想の転換」判時2137号2-27頁、
2012年）。

　ⓒ　公害被害者の原告適格

　小田急訴訟最高裁大法廷判決（平成17年12月7日民集59巻10号2645頁判時
1920号13頁）は前記の環6最判を変更して、隣接住民の原告適格を認めた。
騒音の被害が深刻だというだけで、原告適格を認めたので、原告適格が広
がったかに見えた。

　しかし、その後大阪サテライト判決（最判平成21年10月15日民集63巻8号
1711頁判時2065号24頁）では、場外車券売り場による生活環境の悪化は公益
の問題であって、個人の利益の問題ではないとして、住民の原告適格を否定
した。これは、生活環境の悪化は公益の問題であって、個人の利益の問題で
はないという裁判官の相場観を根拠としているらしい。この高裁が行訴法改
正を受けて原告適格を肯定したのに、わざわざ逆転させられている。しかし、
重大な住環境の悪化は、公益の問題であると同時に個人の利益を害するもの
である（阿部「判批」判例評論621号＝判時2087号、2010年）。

　ⓓ　消費者の原告適格

　筆者は千葉県北総鉄道の運賃値下げ命令義務付け訴訟を一審で代理してい
た。これがなぜ負けたかは、第1章**10**で述べた。

　ここでは、この原告適格に関する裁判所の訴訟指揮の混乱について述べ
る。鉄道運賃は鉄道事業法で規定している。同法は、利用者の保護を明示し
ており、運賃認可制度で、独占企業の不当な運賃設定を規制している。これ
に対しては、被告の国側は、同法のもとでは、利用者一般の利益が公益とし
て保護されているだけで、沿線利用者住民の利益が個別具体的に保護されて
いるものではないと主張した。これでは神々の議論になる。

そして、特に深刻な不利益を受ける人については、その利益が個別具体的に保護されているとして、原告適格が認められるとしても、そうでない人については否定されるから、その間の線引きが必要とされる。高速増殖炉もんじゅ訴訟では、58キロの範囲内に居住している住民が原告適格を有するとされた（最判平成4年9月22日民集46巻6号571頁）。

　この訴訟では、最初の裁判長（杉原則彦）は、原告（筆者）は、原告適格については十分に主張した（「鉄道運賃値下げ命令義務付け訴訟における鉄道利用者の原告適格」自治研究87巻6号、7号、2011年）から、本案に入るとの訴訟指揮をした。原告はほっとした。ところが、裁判長が交代し（定塚誠）、原告全員について原告適格の有無を判定するには時間がかかる、チャンピオンを出せばそれについて判断し、本案に進むとの強い要請があった。これは前裁判長の訴訟指揮とは逆であり、原告団と弁護団は戸惑いを隠せなかった。しかし、裁判所の強い要請であるから、断腸の思いでこれに応ずることとした。

　それでも、最初は、チャンピオン以外は、審理を棚上げして、チャンピオンについて最終的に（最高裁）で判断されたら取り下げるという話であったが、あとでは、チャンピオン以外は、審理を分離した上、一審段階でチャンピオンについての原告適格が認められたら残りの原告は訴えを取り下げるようにとの要請があった。原告団は、これにはなおさら戸惑い、困惑した。一審で原告適格が認められても上級審でどうなるかは不明であるから、他の原告の訴えを維持する必要があるのである。しかし、原告団は、それでも、チャンピオンについて原告適格を認めてもらえて、本案に早急に入るならばと、了承した。そこで、原告団は、チャンピオン数名を選定して、他の原告は訴えを取り下げるとの方針を立てたのである。ところが、またまた、裁判所は方針を変え、チャンピオン方式をとらないとの意向が示された。

　元に戻ったのである。すでに、このような原告適格論議で1年以上も空費した。原告及び代理人は無用の苦痛を味わった。このような訴訟指揮は、濫訴の弊を防止する制度とは無縁のもので、速やかな審理を求める裁判迅速化法の趣旨にも反するし、早期の救済を求める原告にだけ不公平に不利なもの

で（被告は裁判所の判断が遅れても痛痒を感じない）、不公正、偏頗の疑いのある訴訟指揮であるといわざるを得ず、権利救済の実効性を求めて改正された行訴法の精神（その国会附帯決議ではこの趣旨を明示している）にも反するものである。

民事訴訟法2条は、「裁判所は、民事訴訟が公正かつ迅速に行われるように努め、当事者は、信義に従い誠実に民事訴訟を追行しなければならない」と規定している。これは、裁判所は信義誠実に訴訟を運営することを当然の前提として、当事者はそうするとは限らないので、わざわざ規定しているが、この現実に鑑みれば、法改正をして、裁判所にも信義誠実の原則を適用すべきである。

裁判所がこの筆者の主張に対してそんなことは言っていないというなら、口頭弁論において録音を認めるべきである（第10章4 **7**）。

東京地裁平成25年3月26日判決（判時2209号79頁。裁判長・定塚誠）は、この議論の末原告適格を、運賃認可についてだけ認めた(第1章**10**)。肝心の線路使用料の取消しを求める原告適格を否定するのであれば、それに沿った訴訟指揮をすべきであるが、そのようなこともなかった。東京高裁平成26年2月19日判決（訟務月報60巻6号1367頁。裁判長・坂井満）でも結果は同様であった。

ⓔ 既存業者の原告適格

一般廃棄物処理業について新規に許可された場合、既存業者がこれを争う原告適格を有するか。最高裁判決（平成26年1月28日民集68巻1号49頁）は、これを肯定した。第8章7で述べる。

ⓕ 原告適格の判定における原告の負担の緩和

いわゆる大阪サテライト訴訟差戻し後一審判決（大阪地判平成24年2月29日判時2165号69頁、裁判長・山田明）は、自転車競技場の場外車券販売所により保健衛生に関わる著しい業務上の支障が生ずるおそれがある周辺の医療施設に自転車競技場の許可取消しの原告適格が認められるとし、この判断は、訴訟の入口の問題であるから、簡明かつ迅速に判断することが本来望ましく、原告適格の有無の判断において本案判断のような具体的なおそれの有無につ

いての厳密な検討を要しないとした。私見と同様の立場である。

　原告適格の立証責任について、東京地裁平成23年（行ウ）第217号26年1月14日判決（訟務月報61巻1号62頁。裁判長・川神裕）は次のように述べる。さすが、原告適格の有無は職権調査事項であるとの建前を変更することはないが、実質的に大幅緩和して、私見の発想を受け入れている。

「原告適格は公益的意義を有する訴訟要件であり、その有無は職権調査事項であるが、その判断の基礎となる資料の収集については弁論主義の適用があり、原告適格の有無が問題となる場合には、原告が原告適格を有することを基礎付ける事実につき主張立証責任を負うものと解すべきである。しかしながら、原子炉設置許可処分の無効等確認の訴えの原告適格の有無を判断するためには、……原子炉の安全性に関する各審査に過誤、欠落があった場合に起こり得る原子炉の事故等の内容、程度、原子炉の事故等により放出される放射性物質の種類、量、それらの放射性物質が身体、生命等に与える影響の有無、程度等を想定する必要があるが、これらの事項を合理的に想定するためには、科学的、専門技術的な知見が必要となるところ、……原子炉の安全性審査の際には原子力安全委員会の意見その他の科学的・専門技術的知見を踏まえて設置許可の許否を判断していることからすると、……原告が原子炉設置許可処分の無効等確認の訴えについて原告適格を有することを基礎付ける事実を一定程度主張立証した場合には、処分行政庁の属する被告（国）の側において、原告の主張立証が合理的なものでないことを主張立証しない限り、原告適格を肯定すべきものと考えられる」。

　実は、これらに先立ち、小田急訴訟最判（平成17年12月17日民集59巻10号2645頁）における町田顕最高裁長官の意見は、原告適格について、根拠法規がいかなる権利、利益を保護しているのかは一義的に明白でない場合が少なくなく、その解明に時間と手間を要するため訴訟遅延の一因となることを指摘していた。この発想を一般化すべきである。

2 裁判官はどうあるべきか

■ 〈中東の笛〉と判検交流の弊害

　多くの裁判官は、こうした行政の違法行為を毅然として指摘しているが、第1章に述べたように、中には、なぜか行政の屁理屈に幻惑されて、お墨付きを出し、私人のまっとうな訴えを排斥することが少なくないのである。「行政救済法」という学問がある。これは、本来なら、「違法な行政から私人を救済する法」（違法行政是正・訴訟手続法）のはずであるが、現実には、「私人のまっとうな訴えから、違法行政を救済する法」に堕しているのである。それは中東のチームに有利に判定するスポーツ大会に倣って、〈中東の笛〉と言われる。

　特に、裁判官のエリートコースに乗った者が法務省に出向して、国の代理人を務め、裁判所に戻って、裁判を行う判検交流は、敵のベンチにいたのが審判になると同じで、被告と審判者が同一体、原告は蚊帳の外、およそ公正という裁判の基本に欠けたシステムである。組織的癒着である。裁判所は、裁判官に戻れば公正中立の判断をするというが、役所の立場に立って都合の良い主張をしていた同じ人間が裁判所に戻ると公正中立になるというように、変わり身の早い人間は信用できないはずである。実例として、本書に何度か出てくる定塚誠判事は東京地裁行政部裁判長、東京高裁判事の次、2015年4月に、被告国の訴訟の大本締め、法務省訟務局長になったが、いずれ東京高裁裁判長、高裁長官、最高裁判事か、運が悪くても、中央行政委員会委員などになるであろう。

　実際判検交流から帰ってきた裁判官の判決には、国有利なものが多い（カネミ油症、多摩川水害、大東水害など。『行政法解釈学Ⅱ』587頁他）。

　この前聞いた田原睦夫元最高裁判事の講演（「最高裁における行政（租税）事件の審理を中心として」2014年12月15日）は、判検交流をして裁判所に帰ってきても、行政に厳しい判事もいると強調していたが、事実認識を欠く上に、制度の構造的な不合理に目をつぶっている。これは長年批判され、民主党政

権時代見直しがなされたが、自民党政権に戻って息を吹き返したようである。自民党も、お釈迦様の掌の上にいる孫悟空と同じく、司法官僚の掌の上にある。

さらに、高裁長官などの有力裁判官が、最高裁判事になれない場合には公害等調整委員会委員長、中央労働委員会委員長などになる。前記したように、リフォーム業者事件の富越判事もそうである。2016年4月に新設された行政不服審査会にも高裁長官や高級官僚が常勤委員として入った。建前は優秀な人材だからということであるが、裁判官は行政活動の違法を審査する立場なのに、退職後行政に雇われるのでは、警察官が退職して泥棒会社に雇われるのとたいした違いはない。これでは、行政権と司法権の癒着である。行政訴訟が機能しにくい一因である。具体的な弊害を言えば、裁判官在任中、将来行政委員会の委員の可能性があると思えば、行政に厳しい判決を下すのに消極的になりかねず、また、行政委員会の判断を裁く東京高裁も、先輩の判断を覆すのに遠慮しかねないのである。裁判官は、定年まで高給で身分保障されているのであるから、李下に冠を正さず、であるべきである。なお、行政不服審査法に詳しい研究者はせいぜい非常勤の委員になるだけである。

公証人も（第11章2 **4**）おいしいポストだが、法務省任命なので、行政敗訴判決、無罪判決を出すと、裁判官を退官した後斡旋されない可能性が高くなる。これでは行政と癒着してしまい、行政を統制する独立性は失われる。

なお、判検交流といわれるが、実際には法務省採用の検事が裁判所にも行く相互交流ではなく、裁判所が裁判官のほか、法務省の訟務検事のポストをも持っているということで、司法官僚による検察支配なのである。これが異常でないわけがない。

2 違法行政を救済する判決の手法

裁判官が中東の笛を吹きながら、いかにもまっとうな判断をした振りをすることができる法的な偽装工作手段はたくさんある。

まずは、訴訟の土俵に乗せない訴訟要件の壁、訴訟の土俵に乗っても、行

政の専門性と称するものに基づく裁量権の壁、国家賠償訴訟であれば、違法であっても、過失がなかったと、専門家であるはずの行政官の注意義務を極めて低く設定する過失の壁、事実認定では、重要な証拠をあえて無視するか曲解する自由心証主義の壁（第1章）、当事者の主張にもない法解釈で想定外の判断を下す、法解釈は裁判官の専権であるとの壁（後述 **6**）等である。その上、当事者の主張にない事実を認定する弁論主義違反でも、上級審では、咎められない、死せる民事訴訟法（第10章3 **7**）の壁、行政側にだけ有利に釈明しても忌避の対象にならないとする裁判官の公平性の神話の壁などである。これらについては、本書で随時述べている。

3 行政訴訟勝訴率のごまかし

　したがって、行政訴訟の勝訴率は低い。最高裁は、約10％あるというが、それは一審段階の一部勝訴を含むので、上級審での逆転率が高いと感じられるから、もっと低いうえ、一部勝訴として、税金を少々減額したものまで入っている。また、理由附記の不備、手続の不備で取り消す例も結構あるが、これではやり直して同じ処分がなされるので、原告にとっては本当の勝訴とは言えず、迷惑しごくである。それに、情報公開、住民訴訟の勝訴率は、結構高い。それ以外の普通の行政事件の最終勝訴率は数％〜５％もないと推定される。最高裁はまともな統計を取らず、いかにも原告勝訴率が高いような誤魔化し情報だけを流しているのである。

　本書でも、行政の違法を正すまっとうな判決をある程度紹介している（第8章**2**、**3**のタクシー関連はそうである）が、本来それは多数派になるべきである。

　こうして、行政機関は、治外法権にいるのに近い。日本は法治国家ではなく、違法を放置している〈放置国家〉であるというのが、筆者が発明した日本語である。三権分立も、実は行政権専横国家なのである。これが本書の主題である。

　この基本的な認識から出発すると、世の中のことも大分明らかになる。

60 ｜ 第2章　やるだけ無駄と〈中東の笛〉判決の原因

4 裁判官の八宗兼学の思い上がり

①秀才の思い込み

　こんなことになる理由はなにか。最近の筆者の仮説では、裁判官は、秀才のつもりで、おれ以上にわかる者はいないはずだと考えて、何を主張しても、無視して良いと思いこんでいる。都合良く、法律論は裁判官の専権だなどと言われている、行政は正しく、庶民は行政に文句を付けているという偏見があるのではないか。

　しかし、仮に裁判官が秀才であると仮定しても、それは法曹人生のごく初期に、ごく一部の科目で秀才だっただけであろう。科目でも、民刑事の一部にすぎないし、試験では、人の教科書を丸暗記すれば済むレベルだから、実務的にもなかなか使えず、まして学問ではない。主要な判例は覚えても、学術書を読めるかどうかは不明。まして、正義に合致した適切な判断力を持っているかはまったく不明。そのくせ、プライドだけは高い。

　学者は何をしているのか、論文と講義、研究会で常に情報公開しているから、外部からも、知る人は知る。司法試験現役合格の大秀才だった学者でも、その後鳴かず飛ばずの人は何人もいる。人間の評価はその後の研鑽と見識で行うべきだと思っている筆者は、裁判官には、学校秀才・試験秀才止まりがたくさんいるのではないか、そのある程度が、裁判官「独立」の名の下に、権力を握り、責任を負わないので、「独善」、「独断」、無責任になるのではないか。それは専制国家と同じく恐ろしいと感じている。司法改革では、この司法の実態を暴露して、裁判官を変えることが大切だったはずである。筆者は、その種の主張をしているから、たぶん嫌われているであろう。

②八宗兼学の思い上がり

　園部逸夫元最高裁判事が『法学教室』誌に出演している「エンジョイ！行政法」（有斐閣、法学教室329号53、56頁）を筆者はエンジョイできなかった。

　園部逸夫によれば、裁判官は、八宗兼学（はっしゅうけんがく）といって、皆、全然勉強しなくても、法律のことはすべてわかるはずだという前提で仕

事をしており、実務は腰だめの議論であり（裁判官の持っている知識を全部使って、わかってもわからなくてもやらなければいけないということで、参考書など見ない）、行政法の教科書さえ知らないで判断しているということのようである。本当に恐ろしいことである。

　八宗兼学とは、広く八宗の教義を学ぶこと、それから、広く物事に通じることという意味らしいが、裁判官が現実に八宗を修めたのならともかく、司法試験から行政法を追放し、少なくとも、行政関連事件を担当する裁判官が行政法の学力があるかどうかを確認することのないしくみでは、内科の医師が脳梗塞を見るようなもの、あるいは、心臓外科の権威が肺ガンの手術をするようなものである。行政法の基本である法治行政の原理を理解していない判例が少なくない（第9章 **2**、最高裁の法治行政の誤解）のも、これで理解できる。

③行政訴訟は行政法の学力がなくても裁けるとの思い上がり

　ところが、裁判所の人事では、行政部の裁判長はエリートコースだという。そして、司法試験でも、大学でも行政法を学んだことがない裁判官が行政部に配属されるという（森炎『司法権力の内幕』〔ちくま新書、2013年〕20〜22頁）。

　民事裁判官で、知財高裁判事になった滝澤孝臣は、行政訴訟は民事訴訟であるとして、行政法学の学力なくても行政訴訟を裁けるという見識を示している（「審決取消訴訟を考える」判時2138号3頁以下、2012年）。まさに八宗兼学を体現しているという言い分で、地上の人間にはありえない、驚くべきことである。このことは濱秀和『行政訴訟の実践的課題』（信山社、2012年）のしおりで指摘されている。同じく東京高裁で行政事件を担当したという中島肇（「原告適格・仮の差止めに関する実務的雑感」論究ジュリスト（8）2018年冬号53頁）も、「裁判官が行政法の解釈の中に通常民事事件の観点を入れることは自然である」と述べており、裁判官の民事法帝国主義的行政事件処理（筆者の造語。行政法は民事法と基本原理を異にするのに、民事法的に解釈されること）は根深いものがある。

　前記のように元最高裁判事は行政法を知らないと自認しつつ、行政法専門

家の前で行政判例の講演をした（第2章2 **1**）。

5 裁判官には行政法の基本素養があれば十分

　裁判官は八宗兼学であるという、裁判官室に浸透しているらしいこの種の発想は、およそ法律と憲法による裁判とは言えず、違憲である。この解決策として、行政裁判所とか総合不服審判所の設立構想があるが、それができるまで、違憲状態を解決できないという結論になりかねない。

　もともと、司法裁判所でも、行政事件を適切に判断できたことは、昭和30年代の白石健三判事、杉本良吉判事等、最近では藤山雅行判事の業績からも明らかであり、裁判官は、新たに法理論を作る必要がなく、当事者の主張をよく聴いていずれが正しいかを判断すればよいのであるから、制度改革ではなく、裁判官室で教科書、論文を参照すれば適切な判断ができるだけの行政法の学力がある者に担当させることとすればよいのである。基本は法律による行政の原理、法治国家だけである。

6 裁判所の独断的判断は法律問題でも違憲

　裁判実務では、法律論は、裁判所が当事者の主張なくても判断できることになっている。筆者が行政訴訟の原告代理人となって驚くのは、被告行政庁が反論できない（あるいは沈黙している）ので勝訴のはずと思ったら、裁判所が、被告も言わず想定もできない理屈をあげて、原告を敗訴させることがしばしばあることである。原告は、裁判官の心証を害さないように、しかし、行政の代理人だけではなく、裁判所をも敵として（しかも、裁判所の判断は事前に示されないので、見えない敵を相手に、闇夜に鉄砲を撃つように）攻撃しなければならないという、法治国家では信じがたい事態が頻発することである。

　裁判とは、両当事者の主張立証を踏まえて、裁判官が第三者として中立的な立場で判断する制度のはずである。そして、それは事実認定に限らない。法律論といえども、裁判所が、神のご託宣のように決めたものが最も適切だ

ということにはならない。それは、当事者の攻防を待って論点を適切に整理しないと適切な判断ができない性質のものである。むしろ、当事者の主張にない法律判断で一方を敗訴させるのは、その法律判断がしばしば著しく妥当性を欠く上、中立性を欠き、他方に対する不意打ちである。したがって、裁判所は、当事者の法律論を排斥するときは、できるだけ反対当事者に主張させるとともに、当事者の主張に現れない法律判断をするときは、裁判所の考える理論を示して反論させるべきであり、そうしないのは、釈明義務違反であるし、さらには、その裁判を受ける権利を侵害して、司法権の限界を超え、違憲であると考える。

このことは行政処分の根拠法規の説明だけではなく、裁判所の職権調査事項（当事者の主張なしに判断する）とされる訴訟要件の解釈でも当てはまると解すべきである。極端な例として、宝塚市が同市パチンコ店規制条例に違反して工事をしている業者に中止命令を発し、従ってもらえないために、裁判所に中止命令の履行を求めた事件を挙げよう。これを行政上の義務の民事執行と称する。1、2審では、この条例が、パチンコ店が立地できる地域を風営法よりも狭く定めているため、法律違反ではないかが争点になった。最高裁で口頭弁論が開かれたが、当事者は、宝塚市条例が風営法に違反するかを論じた。しかし、最高裁（最判平成14年7月9日民集56巻6号1134頁）は、これは財産上の争いではなく、行政の権限行使をめぐる争いなので、「法律上の争訟」（裁判所法3条）に当たらないとして、訴えを門前払いにした。当事者は、「法律上の争訟」が争点だとは気がつかなかった。論点が示されていれば、当事者がしっかりと論陣を張り、裁判所も別の解釈をとったかもしれないのである。そして、それ以後の裁判所は、これを先例としてしまい、いくらこの判決を批判しても馬耳東風なのは嘆かわしい。民事訴訟を門前払いとした大阪空港騒音訴訟最高裁昭和56年12月8日大法廷判決（第1章 **9**）も同様である。

ちなみに、ドイツ民事訴訟法278条3項は、「裁判所は、付帯債権のみに関するものを除き、裁判所が（当事者に対し）ある法的観点について表明する機

会を与えていたときのみ、当事者が明らかに看過した、又は重要でないと考えていた、その法的観点に基づいて裁判することができる」と定めている。これは、実定法に規定されているが、規定がなくても、裁判の本質に属する憲法上の要請であると解すべきである（『行政法解釈学Ⅱ』218頁）。

人事訴訟においては職権探知主義が取られている（当事者が主張しない事実を斟酌し、職権で証拠調べをすることができる）が、その事実及び証拠調べの結果について当事者の意見を聞かなければならない（人事訴訟法20条）。法律論の場合もこれと異なると解する理由があるのだろうか。

なお、国会が作る法律は、原案が国会に提出されてから、公開の場で、多少なりとも議論され、場合によっては修正される。裁判所は密室で作った法律論を先例として、以後の別件の私人と判例を事実上拘束している。これは、個別事件の解決を任務とする裁判所として行きすぎであろう。

末弘厳太郎『役人学三則』（岩波現代文庫、1932年）137頁は、天下の秀才は自分がすべてわかると思って、実態も外国法も分析しないで法律を制定したりするが、しばしば外れる。それは小知恵であるという趣旨である。それは裁判にもあてはまるであろう。

裁判になると、行政機関は、立派な立法府が慎重に吟味して作った法律であり、その実施過程でも専門的知識を動員して広範な裁量権を合理的に行使したのだと主張する。しかし、役人の事実認定、法解釈、法律への当てはめは、いずれも〈違法性の推定〉が働くと言っていいくらいである。

1 法治国家の裏の実態

1 行政法は基幹科目

　筆者の専攻する行政法学は、「六法に入れてもらえぬ行政法」という川柳があるほどで、法律学と法律実務の辺境産業とされてきた。1998年司法試験法改悪で、行政法が選択科目から外されたのはその極限である。裁判で行政訴訟が軽視され、行政庁の奇妙な解釈が尊重されたりするのも、こうした事情が背景にある。

　しかし、六法とはたまたま法典化された法律を指しているにすぎないから、重要性の基準になるものではない。行政法は、行政機関を通じて発動される法律群の総称で、六法全書の半分以上を占めるので、「犬（君）も歩けば行政法に当たる」、「六法の半分分捕る行政法」というのが正しい。

　そこで、筆者は、行政法を含む公法が、民事法、刑事法と並ぶ法律の基幹科目だと主張した。政府、最高裁もほぼこれを認めて、その後、新司法試験、法科大学院で受け入れられることになった（『行政法の進路』第3章）。

　そうすると、六法というのは、現在の重要科目を示していないので、六法全書という言葉は誤解を招く。ぜひ、法律全書とでもすべきである。

　この行政法規の大部分は、関係する官庁が立案して、閣議決定を経て、建

前では、国会議員がしっかり審査して法律とする。その法律の適用過程に恣意、不合理があれば、裁判で是正させることになっている。行政法の重要性が理解されれば、裁判所もしっかり審査するから、違法な行政活動はほぼ絶滅し、日本は真の法治国家になると期待される。しかし、実態は全く異なる。

② 新春詠める詩、役人の違法行為の種は尽きまじ

「濱の真砂は尽きるとも、世に役人の違法行為の種は尽きまじ」（吾妻大龍）。

　石川五右衛門辞世の作は「石川や　濱の真砂は尽きるとも　世に盗人の種はつきまじ」ということであった。小生、この歌を借りて、上記の歌を詠む。但し、小生の場合は、辞世の歌ではなく、創世の歌である。なお、現に、日本では、経済優先の海の埋立てで、濱の真砂は尽きそうだが、泥棒は減らない。石川五右衛門は、泥棒の天才であっただけではなく、案外世の中の先を読めたのかもしれない。感心、感心。

2 役人性善説から役人性悪説へ

① 公定力理論の残映

　筆者の専攻する行政法学では、役人のやることには適法性の推定が働くとのいわゆる公定力理論があった。そこで、裁判に勝つまでではあれ、違法な行為に従わなければならないというのである。吃驚である。

　それは、もともとは、行政訴訟が不備な時代に、私人を説得するための正当化の理論であった。官僚にとっては誠に都合がよい。行政法学は御用学問だったのである。

　しかし、今は法治国家である。よく考えれば、違法行為に私人が従わなければならないなどというのはとんでもないことで、違法行為は即時に停止されなければならないのである。

　それでも、この理論がずっと通用していて、今でも裁判官のかなりは信じているらしいのは、役人は専門家で、間違いがない、善人だという暗黙の前

提による。

　しかし、現実には、社保庁に見るように、人に気がつかれなければ、肝心の年金記録記帳をさぼり、公金に手を付けるような役人も少なくないようで、役人を見れば、泥棒、横領犯と思えといいたくなるくらいの世相である。実際、行政訴訟などをやってみると、役人のやることは極めてずさんなことが多く、役人の事実認定、法解釈、法律への当てはめ、いずれも、違法性の推定が働くと言っていいくらいである。

❷ ずさんな事実認定

　今ここでずさんな事実認定と述べた。第1章3で述べたリフォーム業者事件も、都の消費者行政が、消費者は神様だと、消費者の言うことを鵜呑みにした事件である。

　同種の事件の報道がある。

「被害者証言鵜呑み。無関係の20代女性誤認逮捕」（読売新聞2014年4月23日）。

　大阪府警寝屋川署は、大阪府内の20歳代の女性を、20歳代男性から携帯電話などを脅し取ったとする恐喝容疑で誤認逮捕し、5時間50分後に釈放した。男性側が女性の名前を挙げ、写真を見て「間違いない」と証言したため、逮捕に踏み切ったが、後で無関係と分かったという。写真も一枚見せては間違いやすい。似た写真10枚くらいを見せて、すぐ選ばなければ、違うというべきである。

　痴漢事件も、被害者と称する女性の証言だけで逮捕して長期間勾留する（人質司法）ことは別に述べた（第5章3 ❺）。

　障害者自立支援法（現在、障害者総合支援法）に基づく指定障害福祉サービス事業者の指定の取消しの聴聞を依頼されたことがある。障がい者2名の申告を理由に、虚偽の帳簿を作って、公金を誤魔化したという理由であるが、他の障がい者からの申告はなく、その2名の申告も曖昧であったので、それを真に受けるのは誤りだと、聴聞の席で処分庁を追及して、処分理由から、

この理由を外させたことがある（別の理由で処分されたが）。

　また、セクハラの申告があると、組織内部でもセクハラ委員会等で、セクハラの有無の認定をする。その委員会も普通は極めて杜撰な組織である。これは微妙な事実認定の問題であり、人間の心理の動きも適切に判断しなければならない。セクハラは受け手がセクハラと感じたらセクハラだなどという俗説が一般的であるため、100人に1人の女性がセクハラと感ずる程度のたいしたことがない行為でも、セクハラとして訴えられて、男は社会的生命を失う。通常人がセクハラと感ずる程度の行為という定義にすべきである。そして、大学などではセクハラ委員会も各学部から委員を選出するため、人間の心理に関わる事実認定など、およそ専門外の理学博士、工学博士等が委員となる。法学部教授でも、理論はできるかもしれないが、事実認定などしたことがない方角違いの委員が選出される。セクハラの専門家で、かつ供述の真偽を見破れる者を委員とすべきである。

　この点で最近参考になったのは、佐伯照道『有利な心証を勝ち取る民事訴訟遂行』（清文社、2015年）である。

　このように、役人の事実認定は素人の認定であって、裁判所は、すべて怪しいと、それこそ予断と偏見を持って見て初めて、適切な認定ができる。役所の職員研修でも、つまらない法理論よりも、公務員の事実認定能力をきちんと訓練すべきである。

❸ 確信犯の違法行為

　その上、役人はしばしば確信犯で違法行為を行う。

　田中真紀子元文科省大臣は、大学の設置認可申請に関して文科省設置の大学設置・学校法人審議会が認めるとの答申を出したのに、大学関係者が多い今の設置審に任せていてはだめだ、大学の質の低下に歯止めをかけるため、将来のため設置審を抜本的に見直すとして、独断で不認可だと決定してしまった（2012〔平成24〕年11月2日）。この設置審は、文科省令である大学設置基準に従って判断したものである。その設置審の判断が大学設置基準に反

しているなら、不認可も当然だが、設置審が文科省の掌の上で踊っている御用審議会である以上は、大学設置基準に反する判断をするわけはない。

　田中大臣は、多すぎる大学の質を問題としているようだが、それなら、大学設置基準が、基準を満たせば大学の濫設を許容して、自由競争に任せることとしていることが問題であるから、設置基準を見直さなければならない。しかし、それは今後の課題である。大臣は認可権を有し、答申に従う義務はないが、それは法治行政の原則に従って行使されなければならず、文科省が定めて天下に公示した設置基準に従った設置審の答申を無視することは、自ら定めた基準を無視する違法である。このやり方は、封建時代の殿様以上である。これは、およそ法律に基づくものではなく、部下に聞けば不認可にはできないとの答えが返ってくるはずなので、重過失か、確信犯であろう（「政治主導の法治国家違反」法律時報85巻1号〔2013年〕96頁）。

　情報公開制度も、非公開基準に適合しなければ公開しなければならない。しかし、公開すると都合が悪い情報については、とにかくわざと開示期限を長期間延長し、あるいは行政協力情報だ、意思形成過程情報だと称していったん非公開にして、文句があれば最高裁まで争え、負けたら公開するという役所が少なくない。しかし、最高裁の判決が出る頃には、その情報は陳腐化していて、最早意味がない。役人は非公開にして、うまく責任を逃れるのである。あるいは、情報を廃棄してしまう。最高裁（平成26年7月14日判決・判時2242号51頁。沖縄密約事件）は文書が存在することの立証責任は原告にありとするが、これは私人に不可能を強いることで、行政機関に保管責任がある以上は、保有していないことは行政機関が立証すべきである。これでは公開されると役所に不利な情報は破棄されてしまう。

　もともと、情報公開制度を作るときは、法律ができれば、役人は公開すべきものは公開するとの役人性善説によっていた。その結果、現実には、役人の自己防衛のための非公開が少なくないのである。そこで、故意又は重過失による情報非公開又は公文書破棄に関わった役人を懲戒処分にすべきであるが、それだけではなく、処罰する規定をおくべきである。もっとも、現行法

でも公文書毀棄罪とか職権濫用罪を適用できるはずであると思う（ただし、現実には警察も検察も動いてくれないだろう）。

行政指導についても、できないのをわかっていながら強引に行うことが多い。たとえば、許認可の申請について、周辺住民の同意は法律上要求されていないのに、それを提出するまで認めないとか、法律よりも厳しい指導要綱に従えといったものである。農地転用許可について隣地の所有者の同意を求められ、挨拶に行くと高額のはんこ代を取られるか断られるので、自分の土地の周辺を分筆して自分が自分に同意するという打開策がとられるのも、この違法な運用のためである。指導要綱も、法律に根拠がないので強制することができない。こうしたことを強引に行う公務員は懲戒処分のほか、処罰する制度をおくしか方法がない。現行法でも職権濫用罪を適用できる。

行政処分にはきちんと理由を付けなければならない。しかし、役所側は、本当はしてはならない処分をするとき、わざといい加減な理由を付ける。そうすると、裁判で、理由附記の不備で負ける。役所はああ、そうですかと、理由を付け直す。その間長年かかるので、原告はくたびれて訴訟遂行を断念する。したがって、故意・重過失による理由附記の不備は処罰すべきである。

さらには、現行制度では、処分は大臣とか市長名で行われ、本当の判断をした公務員は隠れている。理由附記、情報非公開決定をした権限のある公務員（本来の決定権者、専決権者）を表示するべきである。そうすれば、違法行為の抑止力が多少は働く。

4 組織的隠蔽

しかも、役人は、こうした組織的腐敗を組織として防衛し、隠蔽している（「組織の腐敗・組織的違法(特に行政のそれ)をなくす法システム創造の提案」1）、（2）」自治研究86巻9号・10号〔2010年〕。「行政不服審査法改正における『審理官』のあり方」自治実務セミナー 2011年11月号）。

裁判所は、役人のいうことは正しいはずで、これを争っている国民のいうことは眉唾で、騙されないぞと思いこんで審理し、どこから見ても違法で

あっても、なかなか国民を勝たせない実情にあるが、本当は役人のいうこと は眉唾だと思って審理しなければならないのである。役人性善説・役人無謬 論から、役人性悪説への転換が求められるのである。

5 国会欺罔作戦

さらに、法律を作るのは建前では国会であるが、実際上の法案起案者は役 人である。そして、わが省の権力保持が役人立法学のイロハである。官庁は、 法律では明確に書かず、なるべく政省令、さらには通達、告示などで定める こととして、自分の権力を保有する。インターネットによる第1、第2類医 薬品販売禁止が、政令（内閣法制局の審査を受ける）ではなく厚労省だけで、 内閣法制局の審査を受けることなく定めることができる省令に委任されてい ると称された（内閣法制局迂回作戦）のもその例である。

そして、役人は国会議員や大臣にご説明するときは、一方的な情報だけを 上げる。反対運動が起きないように情報は世間にはあまり漏れないようにす る。そして、先に国会議員や大臣の了解を取ってしまう。後で問題があると 分かって、反対運動をし、国会議員に陳情しても、もう決めたことだと門前 払いされる。こうして、国会や大臣は、お釈迦様の掌の上の孫悟空である。 それではいけないと、政治主導なるものを強行したのは民主党政権であった が、内容は素人の作ったマニフェストを金科玉条に、国民の信任を得たとし て、それ以上検討しないお粗末なものが多かった。例として、民主党政権が 国会に提案した地球温暖化対策基本法案は省庁間調整や専門家からの意見聴 取、懸念を表す層への説明がたりないまま上程されたが、マニフェストに掲 げて選挙で勝ったから、国民の意見を聞く点では万全という答弁がなされた と報じられている（「民主党の政治主導は『専制政治』、温暖化法案が象徴」 WEDGE 2010年10月号36頁）。これでは専制政治である。

裁判になると、行政機関は、立派な立法府が慎重に吟味して作った法律で あり、その実施過程でも行政権が専門的知識を動員して広範な裁量権を合理 的に行使したのだと称して、裁判所に承認を迫る。実態は、法の解釈も事実

認定も知らない現場の役人が杜撰にやっているか、政治献金と天下りの魅惑で歪められた立法と行政なのである。

　なお、行政訴訟の原告適格、裁量審査のあり方は個別実定法の問題だとして、行政事件訴訟法の改正は不要という議論があるが、それでは個別実定法の担当官庁がなるべく訴えられないような条文を作るので、まさに泥棒に刑法を作らせるようなものである。行政事件訴訟法という一般法において、個別実定法に枠をはめるしかないのである。

最高裁はかねてから現状の判例でよい、あまり変える必要はないと、行訴法改正に消極的である。これは、判例がいかに権利救済を阻害してきたかという問題状況の認識を欠くものだ。また、そもそも最高裁、法務省が行訴法改正に参加するのはおかしいのではないかという疑問もわいてくる。

1 最高裁事務総局に牛耳られた行訴法改正

1 国民への法的サービスの改善を怠る最高裁

　行訴法改正はなぜこんなに中途半端に終わったのか。その裏には、訴訟の増加、困難な審理の増加を嫌う最高裁があった。司法改革で弁護士は倍増したのに、裁判官はわずか600人程度の増加にとどまっている。裁判所がなぜこのような姿勢なのか。

　行政訴訟が活性化すると、行政事件担当裁判官を増員し、全国の地裁にも、さらには支部でも行政訴訟を提起できるようにしなければならないだろう。そうすると、行政訴訟担当裁判官をエリートコースとして、行政敗訴判決を出すとエリートから外れると不安視させて、下級審裁判官をコントロールするという最高裁の手法が働かなくなる。また、裁判所は、日本の他の社会では考えられない高給取りで充ち満ちている。有力地裁の裁判長あたりから判事の1号という最高の給料（本俸117万4,000円）をもらって、高裁裁判長で定年になるまで10数年、高給取りのままである（裁判官の報酬に関する法律）。裁判官を増員すると、これまでのような高給体系は維持できず、既存の判事の給料は減額できないとしても（裁判所法48条）、昇給が遅くなるであろう。最高裁事務総局は、これを恐れているといわれている。

しかし、今の裁判所幹部の給料は下がらないのであるから、これからの裁判官の給料が多少悪くなろうとも、裁判所が国民に役立つことこそが大事なのではあるまいか。自分たちの利益を守って、国民への法的サービスの改善を怠っているのは組織的腐敗である。

なお、裁判をしているなら、独立した、厳しい職務であるから、高給を保障すべきだとしても、事務総局勤務者ははただの行政官僚であるし、司法研修所の教官は、実務の教育をしているのであって、博士論文を指導する大学院教員よりも高給を保障される理由がない。家庭裁判所も、対審手続を取らず、非訟事件として、裁判官が一方的に（行政処分並みの理由附記、聴聞もなしに）判断するのが多いし、その判断は、調査官、調停委員の報告に大きく依存しているから、行政官以上の給与を保障される理由がない。ついでに、検事の給与も、裁判官に準じているが、検事は一体で、上司の命令に従わなければならないのであるから、行政組織と同じで、上位者はともかく中堅以下の給与は高すぎる。

この推測と主張が外れているなら、最高裁は国民の司法への期待に反し、なぜ裁判官を激増させないのか、説明すべきである。

❷ 行政訴訟検討会を牛耳る事務局の戦略

改正案作成の任に当たった司法制度改革推進本部行政訴訟検討会の事務局は最高裁から派遣された判事を中心に構成されていた。彼らは、資料を用意し、論点整理をして、議論の方向付づけをする際に委員を誘導していたのであるが、それは、学説は無視し、最高裁判例の要旨を中心とするものであった。判例を変える気がなかったためである。これは審議会等でもよく行われる日本の官僚の行動様式と同じである。

しかし、それはこの検討会のあり方からして、基本的に間違っていたのである。

ここで行われているのは立法論であるから、過去の判例はとりあえずご破算・棚上げして、行政と国民のあるべき関係を創出するように、新たな制度

を構想すべきものであった。資料として判例の要旨などを出すのではなく、判例に対していかに批判が多いかという資料を出させるべきであったし、判例でも少数意見を重視すべきであった。

　検討会の委員の多くも、このことがわかっていなかったではないのか。それとも、事務局のやり方に強く抗議したのであろうか。

❸ 裁判所はまな板の鯉、改革の包丁を握るな

　そもそも、行政事件訴訟法の改正がなぜ必要になっていたかといえば、法律が利用者の観点から見て不適切にできているだけではなく、その運用に当たる裁判所が法律を適切に解釈していないからである。実は、前にも述べたが、行政救済法が、違法行政から国民を救済する法ではなく、国民の不服から行政を救済する法に陥っているのである。

　したがって、行訴法の改正は、単なる一法律の改正ではなく司法改革の一環なのであり、行政改革のときに、行政府はまな板の鯉にとどまるようにといわれたのと同じく、本来、裁判所は、この改革の当事者であってはならないものであり、せいぜい意見を述べるにとどまるべきであった。

　さらに、最高裁はかねてから現状の判例でよい、あまり変える必要はないというスタンスである。これは、判例がいかに権利救済を阻害してきたかという、問題状況の認識を欠くもので、能力的に言って、そもそも改革の当事者適格に疑問符が付く。

　裁判所は、法律を適用する機関であって、法律を作る機関ではないから、権限の点でも、立法論にはふさわしくない。

❹ 内閣法制局とのすりあわせは不適切

　この検討会は、広く、平等に多方面の意見を聞き、委員が議論して、議事録を公開し、広く批判を受けながらまとめていく場であった。

　これに対して、事務局が最高裁、内閣法制局と裏ですりあわせをしていた。これは、このしくみと正面から矛盾する。

76 ｜ 第4章　行政訴訟改革のあり方

しかも、内閣法制局は、検討会の場で多方面の議論をしっかり勉強している
わけではないから、内容にわたった意見を言うべき立場にはないはずである。そして、法文作成のごく技術的な点であれば、それは行政訴訟改正の基本的なコンセプトが完成して、法案要綱ができた段階で十分である。それが普通のやり方である。改正審議の段階で内閣法制局と打ち合わせをするのは時期尚早であった。

いずれにせよ、この検討はオープンに行われるべきものであるから、内閣法制局、最高裁との協議は厳禁すべきものであったし、それまでの裏協議の内容は全部公開すべきものであった。

2 法務省は行政訴訟立法に不適切

1 見直し消極報告

行政事件訴訟法は法務省の管轄であるが、行政事件訴訟法改正後5年見直し（改正法附則で要求）に消極的である。法務省は、5年後見直しの是非を検討するために判例の検証委員会を設置して、2012年末に、その成果として、「改正行政事件訴訟法施行状況検証研究会報告書」（高橋滋編『改正行訴法の施行状況の検証』〔商事法務研究会、2013年〕）を公表した。研究者を動員して、判例で何とかやっているから、行訴法で予定されている、施行5年後見直しの必要がないという、被告代理人である法務省に都合の良い結論が導かれている。

この報告書作成者は上記のような行政訴訟の基本的な仕組みの問題点についてほとんど理解していない。お上の立場からの発想が多く、権利救済の実効性を求める憲法32条と改正行訴法の立場や原告の立場に立った発想が少ないように見える。解釈論で争いの生ずることについて判例の積み重ねに待つなどというが、それは、法の明確性の原則に反して、もっぱら被告（行政）を利し、原告にだけ多大なエネルギーを浪費させる。まるで日露戦争で、多数の兵士を死なせて初めて203高地を奪取できたのと同じ犠牲を強要するも

のである。理由のある訴訟でも、提起をしない方向へと萎縮させて、法治行政に違反する事態を放置し、裁判を受ける権利を阻害することを理解すべきである。

権利救済を拡張しようとする意見を抑える根拠として、行政と司法の関係、行政権の尊重、専門裁判官の不足などという観念論が幅をきかせている。こういう議論は、およそ現実には合致しない。

裁判官は最高裁の判例を重視し、その射程範囲を拡張して先例病に罹っている。先例の妥当性を吟味し、その射程範囲を限定することから始めるべきである。

行訴法は行政救済を実効性あらしめるようにと改正されたはずであり、改革の第一歩としては評価できるが、実は、裁判所サイドでは、先にも述べたように、この改正ではほとんど変わらない、これまでの（権利救済に消極的な）判例の立場を確認したというにとどまっているものが多い。改正後の判例を見ても、諸外国と比較して遥かに遅れており、日本は行政訴訟最貧国である。国際学会では恥ずかしい思いをするままである。

❷ 法務省の消極姿勢の原因と対策

なぜ法務省が消極的なのか。法務省は国を被告とする訴訟の代理人であるので、行政訴訟が活性化することを望まないのである。要するに、現行法の運用の一方当事者が法改正の権限を握っているので、いわば泥棒に刑法改正権を与えたのと同じになっているのである。

これを解決するには、行政事件訴訟法の所管を法務省からたとえば内閣府などへ移すしかない（その人員は法務省、裁判所から集めてはならない）。

なお、刑事訴訟法の改正も、法務省が犯罪の捜査、起訴権限を有するとともに、法改正作業権限を有するため、被告人、被疑者の人権よりも、犯罪の捜査しやすさを優先しやすい。取調べ可視化論議でも、法務省は抵抗して、ごく一部の可視化にとどめさせることに成功した。

3 日弁連シンポ、行訴法再改正の必要

　日弁連は5年見直しについて2度シンポを行い、更なる行訴法改正作業が必要だと認識している（『行政訴訟第2次改正の論点』〔共編、信山社、2013年〕所収）。

　各界の有識者を集め、筆者も参加した「民事司法を利用しやすくする懇談会最終報告書」（2013年、http://minjishihoukon.com/ ）も同方向である。また、その際には、利害関係者である法務省を外して（これを入れるのは泥棒に刑法を作らせるようなもの）、内閣で、利用者の立場に立つ組織を立ち上げて検討すべきである。政治家が法務省に洗脳されずに、公正な制度作りをされることを期待する。

4 さらなる行訴法改革を

　筆者は、訴訟の現場では、中東の笛を吹く裁判官ばかりではないと、裁判所を説得しようと丁寧な事実の提示、整理、理論構成に努力しており、多少は成功している（第8章）が、このように中東の笛を吹かれるとお手上げである。ここでは、アットランダムになるが、以下、法改正すべき主要点を取り上げる。

1 執行不停止原則を執行停止原則に

①執行不停止原則

　行訴法改正では、原告適格の緩和いかんが重要課題であったが、それは迷惑施設の周辺住民とか鉄道沿線住民の訴えという、たくさんは存在しない案件である。これに対して、普通の行政事件は、不許可、営業停止・取消しといったものである。そうした処分を受けて、取消訴訟を提起しても、いったん営業は禁止される。それが半年も続けば、たいていの業者は、経費ばかりかかり収入がないので訴訟は続けられない。行政訴訟が挫折する大きな理由

である。

　そうした事態への対応策は仮の救済である。行政訴訟では執行停止という。これは民事訴訟の仮処分よりも厳格であり、2005年の行訴法改正前は、「回復の困難な損害」が要求されていた。今は「重大な損害を避けるため緊急の必要があるとき」として緩和された。行訴法改正の最大の貢献点である。それでも、何とか営業できるなら、重大な損害なしとして、執行停止されない。

　この制度の趣旨は、行政処分は、公益のために行うのであるから、直ちに執行する必要がある、訴えが提起されたというだけで執行停止していては、みんな訴訟を提起して、処分を止めるので公益が害されるというものである。これを執行不停止原則という。これはきわめて観念的な公益・官権優先の発想である。

②執行停止原則へ

　しかし、何らかの違反があるとして、処分を受けた者が、訴訟で敗訴するまで営業できるとすると、再び違反するだろうか。再度違反すると、捕まりやすいし、責任が重いから気をつけるだろう。たとえば、弁護士が顧客から預かった金員を適正に管理しなかったといった理由で業務停止になる場合、裁判で決着付くまで弁護士業をさせると被害者を拡大するだろうか。弁護士会はその上に、1カ月以上の業務停止の場合、顧客との契約を解約させ着手金を返還させ、成功報酬は勝訴目前でも捨てさせるので、弁護士はほぼ再起困難になる。極端な例では、高裁で勝訴して最高裁に係属中の事件でも契約を解約すれば、勝訴報酬を失う。あまりにも過大な制裁である。業務停止期間中は業務を一時停止すれば十分ではないか。

　そして、普通の弁護士は、もう一度違法行為をすれば重い処分を受けるから、被害を発生させないように注意するであろうし、かりに被害が発生しても金銭的に処理できる。したがって、処分を受けた弁護士が再犯を犯して、顧客に損害を与えるという可能性は、きわめて抽象的で、限られたものであり、そのために処分を受けた弁護士すべてを再起不能にする理由はない。弁

護士の業務停止処分は、判決で適法と確定するまでは効力を発生しないとすべきである。

　営業者でも、営業停止が長引けば、経営破綻するので、営業させれば被害を発生させる具体的な危険がなければ、執行停止すべきであろう。

　スピード違反で免許取消しになったネズミ捕り事件（第1章**2**）でも、立派な高速道路並みの道路（違うのは約1キロに1回信号があるだけ）を時速81キロで走行したというだけで、事故につながっていないのであるし、次に違反すると更に重い処分が予想されるから気をつけるはずで、判決で決着付くまで免許取消処分を停止して、運転を許容すべきなのである。

　公務員の免職処分でも、処分理由によるが、セクハラといったものなら、処分を受けて係争中に繰り返しセクハラする可能性は高くないから、いったんは執行停止すべきである。飲酒運転とか汚職も同様である。

　課税処分、滞納処分でも、執行停止原則であればやたらと訴えが提起され、税金が取れなくなるという心配が先行して、執行不停止原則がとられている。しかし、裁判で敗訴すれば、利子付きで滞納税金を納めなければならず、しかも、その利子は現行制度では年利14.6％と高いから、普通の納税者は、勝てないことが分かっていながら執行停止を求めることはない。したがって、課税処分については差押えだけして、換価処分はすべて執行停止しても問題はない。なお、課税処分に誤りがあれば、年利7.3％の還付加算金を付けて返金されるが、納税者が負けたら14.6％の利子を付けなければならないのは、官優先の不公平である。公平にすべきである。

　これに対して、過失で人身事故を起こして免許を取り消された場合には、それにもかかわらず運転させると又人身事故を起こす可能性がかなりあるだろうから、執行停止すべきではない。

　このように、執行不停止原則を停止原則に変え、例外的に公益上処分を是非維持すべき場合には即時執行命令を発すべきである。これがドイツの制度である。

　執行不停止原則を取る現行法でも、執行停止を認めるための「重大な損

害」を緩めに認めるべきである。

❷ 審査請求期間・出訴期間を廃止せよ

①期間制限に間に合わない

　行政訴訟では出訴期間という制限があり、行政処分と称する、不許可とか禁止命令を受けてから3カ月以内に取消訴訟を提起しないと、門前払いとなっていた。これは2005年から行政事件訴訟法の改正により6カ月となったので、まだましになっている。それでも、原発訴訟等のように集団訴訟を提起する場合には、費用も苦労も並大抵ではないので、団結してやろうとまとまるまでに、原告も弁護団も、大変な苦労をするので、ぎりぎりになるか、期間を過ぎてしまう。いわゆるもんじゅ訴訟では期間が徒過したので、無効確認訴訟を提起したが、勝訴するためには、単なる違法ではなく、重大かつ明白な違法＝無効という基準が採られるなど、非常に限定されている。

　住民訴訟では、監査委員が認めないとの決定をしてから30日以内に訴えを提起しなければならない。多数の住民をまとめるのであるから、それだけでも時間がかかるが、監査請求と異なって、訴状を作成する際には、金の流れを明らかにし、誰がいつ違法かつ過失のある財務会計行為をしたかをきちんと書面で立証しなければならず、法技術的にややこしいことが多く、簡単ではない。弁護士も事務所を維持するためには、儲からない住民訴訟のためにそんなにたくさんの時間を割く余裕はない。30日以内に訴状を作成するのは大変な苦労である。

　筆者は前記の通り（第1章**10**）千葉県の北総鉄道運賃認可等取消訴訟、運賃値下げ義務付け訴訟を一審で代理した。運賃が同じ距離で比べると、小田急などと比較して、倍どころか3倍から5倍になり、子どもが都心の学校に通うようになると負担に耐えきれず、転居せざるを得ない。6カ月の期間制限内に出訴したが、原告となった学生が卒業するとか、自営業者が仕事を辞めるとか、通勤手当をもらえる仕事に就いたとか、会社を原告にしても、社員が退職するとその負担がなくなる。そこで、通勤通学の負担が重い人を新

たに原告にしたいが、すでに出訴期間が過ぎている。

　公立幼稚園・保育所反対訴訟でも、園児が係争中に卒業すると、訴えの利益がない（行訴法9条、たとえば最判平成24年11月26日民集66巻9号2124頁等）ことになる。そこで、代わりに、これから通いたいという子どもを原告とすると、出訴期間が過ぎたとされる。期間徒過の正当な理由を緩和すべきであるが、前例がない。

　しかも、たとえば、課税処分を受けた場合などではまず不服審査を申し立てなければならないが、こちらは60日以内（改正行政不服審査法、国税通則法で2016年から3カ月）が原則で、これに間に合わないと、訴訟も起こせない。

②根拠とされる法的安定性は神話

　このように、許認可、課税処分等、行政処分を争う行政不服審査・抗告訴訟においては、短期の期間制限がつく。行政庁に対して行う審査請求では60日以内（これから3カ月）、訴訟は6カ月以内が原則である。その根拠は、行政上の法律関係の安定と円滑な運営を確保することにあり、行政法のシステム・行政法学では不動の前提とされている。しかし、それは、都市計画や電波の免許など、多数人にかかわるような処分については理由があるが、普通の行政対私人のいわゆる二面関係における不利益処分については何らの根拠もない。

　たとえば、課税処分が5年後、10年後に取り消されて、税金を返還せざるを得ないとしても、国家が困ることはない。期間制限を60日から3年にしたところで、訴訟に3年かかるとすれば、取り消されるのが3年後から6年後になるだけである。

　課税処分の場合、滞納処分をする都合上、早期確定の要請があるとされるが、争われて処分が確定しなくても、滞納処分ができる（未確定執行の原則）し、税務当局は最長7年間は更正処分をすることができるから、およそ安定していないのである。

　ただし、課税処分の取消訴訟中に、差押え物件が公売され、その後に課税処分が取り消されたら、競落人等が落札物件を返還しなければならない。こ

4 さらなる行訴法改革を　83

れは法的安定性を害するかもしれない。しかし、税金は返還するが、物件は取り返せない（補償する）と定めれば、出訴期間は不要である。もっとも、むしろ、課税処分に関して、一定期間内及び係争中は、被処分者の同意がなければ公売できないと定めればすむ。

　さらには、過誤納税金の還付請求は5年の時効にかかるまで行える（国税通則法56条1項、74条1項）が、過誤納登録免許税の還付請求について登記官が拒否したら処分として争うことができる（最判平成17年4月14日民集59巻3号491頁）ので、出訴期間の制約がつく。このことに合理的な違いはない。

　営業許可申請が不許可となって、あるいは営業許可が取り消されて、1年後に出訴して、解決が先に延びても、営業者が損するだけで、国家として法的に安定しないので困るといったことは一般にはない。

　鉄道運賃の認可取消訴訟の提起が遅くなれば、判決が遅くなるだけで、損するのは原告であり、被告の国交省も鉄道会社も損しないのであるから、出訴期間をおく理由がない。

　したがって、法的安定性を根拠とする期間制限護持論は神学である。単に行政官の心の安定に寄与するだけで、本来は不要であり、時効に任せればすむ。

③期間制限は比例原則違反

　しかも、期間の制限は、たとえば、1億円の課税処分について、たった1日遅れでも権利救済を拒否する重大な結果を生ずるので、およそ釣り合いが取れない（比例原則違反である）。せいぜい、一定期間よりも遅れた日数1日いくらの割合で、返還すべき税額を減額するのが合理的である。

④更正の請求の期間延長との均衡

　平成23年の国税通則法23条の改正で、税金を過大に申告したとしてなされる更正の請求の期間は1年から5年に延長されたので、課税処分は5年間安定しなくても、税務行政上困らないことが自認された。課税処分取消しに関する争訟期間の制限もすべて5年と延長する法改正を行うべきである。

⑤どうせ裁判所は急がない

　さらに、原告が期間を守るために一生懸命訴状を作っても、裁判所が速や

かに判断するとは限らない。

　裁判所は、訴状を受理したら、被告にすぐ訴状を送り、早急に反論させて、迅速に審理すべきである（民事訴訟法第2条は、「裁判所は、民事訴訟が公正かつ迅速に行われるように努め」と規定している）。しかし、裁判官が訴状を審査するのに3カ月近くかかった例（徳島地裁平成24年（行ウ）7号、裁判長・斎木稔久）がある。また、訴状が送達されても、被告は、第1回期日は欠席し、請求を棄却するとの判決を求めるとの、簡単な答弁書を提出するだけで、まともな反論はなかなかせず、半年、1年と先延ばしする。原告にだけ厳しい期間制限をおく理由はまったくない。

⑥判決には期間制限なし、当事者訴訟では仮処分も却下

　裁判官の方は、判決や決定に期間の定めがないのが普通だし、あっても（100日裁判、公選法213条）、訓示規定として守らなくてよい（守らなかった判決が無効なら、有効な判決は永久に出ない）ということになっているが、弁護士が期間を守らなかったら、依頼者から懲戒処分の請求を受けて、処分されるのであるから、合理的な理由なく期間を守らない裁判官は処分すべきではないのか。

　実際、筆者の経験でも、第1、第2類医薬品ネット販売禁止違憲訴訟では、高裁結審後判決まで1年もかかった（東京高判平成24年4月26日判タ1381号106頁、裁判長・三輪和雄）。それでも勝訴させて貰ったのでまだましだが、販売できる仮の地位確認を求めたら、公権力にかかわるとして高裁で却下され（東京高決平成24年7月25日判時2182号49頁、裁判長・三輪和雄）、最高裁（平成25年1月11日判時2177号35頁）では、ネット販売禁止に法律の授権がないとして勝訴させて貰った代わりに、仮の救済には半年近く返事がなかった。原告の経営が困難になるばかりである。なお、わかりにくいと思われるので、追加すると、行訴法44条は公権力の行使には仮処分ができないとしているが、それなら行訴法上の執行停止を認めるべきところ、販売できる地位の確認という当事者訴訟には執行停止がないのであるから、仮処分を認めるべきなのである。

高校の学資保険が生活保護費から削られた事件では、その元高校生が31歳になってやっと生活保護費を削ってはならないとの判決が出た（最高裁平成16年3月16日民集58巻3号647頁）。迅速で実効的な裁判を受ける権利が侵害される。川柳にいう「思い出の事件を裁く最高裁」にふさわしい。

⑦解釈論による緩和

解釈論としても、審査請求・出訴期間徒過の正当な理由及び期間徒過後の無効事由（無効確認訴訟、無効を前提とする当事者訴訟なり民事訴訟を提起できる）を大幅に緩めるべきである。

「正当な理由」があれば、処分を知ってから6カ月の出訴期間を徒過しても、処分から1年経っても、出訴できる（もう争えないという不可争力が付かない）。出訴期間は、改正前は、不変期間として位置づけられていたので、「その責めに帰することができない事由」がなければ、その期間経過後は救済されなかった（民訴法97条）。そして、この事由は厳格であり、天災地変でもなければ認められなかった。今回導入された出訴期間徒過の「正当な理由」については、これよりは緩和された解釈が可能とされる。

そして、立案関係者の説明によれば、処分庁が、誤って、法定よりも長い出訴期間を教示した場合、これまでの「その責めに帰することができない事由」には当たらないが、改正法の「正当な理由」には当たるとの解釈ができるようになるというのである。しかし、原告の事務繁忙、病気、出張不在、法律の不知などは「正当な理由」に当たらないという見解が多そうである。

私見では、こうした解釈はお上の立場から見ている。当事者の主観的な事情であっても、たとえば、本人や家族の重病など、一般人の通常の行動から見て、期間の遵守を求めることを期待するのが酷である場合には、「正当な理由」があると解すべきである。そもそも、裁判所の職員はそうした場合には休むし、予定された判決も延期するのであるから、このように解釈しないと、お上偏重の批判を免れない。

どの訴訟類型（抗告訴訟か当事者訴訟かなど）によるべきかなど、救済ルールが不明確なために期間を遵守できなかった場合も、「期間徒過」の正当事

由を認めるべきである（詳しくは、『行政法解釈学Ⅱ』166頁以下））。

③ 指示、公表、入札拒否への救済方法の創設

①訴訟による救済方法の不備

　当局が私人に各種の違反があったと判断したとき、勧告、営業停止命令、許可の取消し、指示等の行政処分等の他、違反事実の制裁的公表、入札の指名停止などを行うことが多い。

　これを違法だとして争いたいとき、これまでの法理論と判例では、極めて難しい問題になる。営業停止命令、指示は、意に反して権利義務を左右するから、いわゆる行政処分であるので、その取消訴訟を提起することができる。勧告は、法的には、いやなら訴訟を提起するまでもなく従わなくて良い任意的手段（行政指導）であるから、そもそも訴訟では争えない。2015年4月から施行された改正行政手続法36条の2で、法令に違反する行為の是正を求める行政指導を受けた時にその行政指導が法令の要件に適合しないとして、その相手方がその中止を申し出る制度が導入されたが、これは申請権がないとされていて、当局の回答も期待できない不備な制度である、

　公表は、法的効果を生じない事実行為なので、取消訴訟の対象とはならないとされている。そこで、公表の差止めという民事訴訟か公法上の当事者訴訟を提起することになる（このいずれかは、理論的に不明である）。しかし、裁判で勝訴確定する前どころか、ただちに公表されてしまうので、実際上救済にはならない。事後の公表廃止を求めるだけである。

　入札の拒否は、契約上の行為であるから、取消訴訟の対象とならず、民事法では、契約拒否は自由なので、前提となる指示などの行政処分が違法でも、入札拒否の取消しを求める訴訟制度はない。委託の拒否だけでも同じである。

　これでは、指示などに違法があっても、すでに公表、入札拒否により、事業者は破綻する。およそ法治国家ではない。

　筆者の専攻する行政法学では、行政過程論という有力な理論がある。一連の行政過程を総合的に考察するらしい。しかし、その理論も、このことは対

象としていない。むしろ、行政処分、行政指導、事実行為、契約などと、一連の行為について、その行為の性質を分類して、分断してしまう。行政処分は取消訴訟の対象となるが、行政指導は訴訟の対象にならない。契約は契約拒否の自由があるので、争いようがないというのである。

　私見では、勧告、指示、公表、入札拒否という一連の行政過程は、一体として争えなければならない。最初の勧告、少なくとも指示が違法なら、全部違法になるはずであるから、分断することなく、差止訴訟を認めるべきである。それが本当の行政過程論である。

②公表には合理的なルールを作れ

　指示などがなされたとき、その違反事実を名称とともにホームページに公表する運用が行われている。特定商取引法違反、消費者保護条例違反、建築士法違反等多数ある（特商法違反については、第1章3のリフォーム業者事件、第5章8 **4**の建築士法違反事件）。

　この運用は著しく不合理である。これが誤りだという訴えに対しては、判例は、これは私人が行うホームページへの掲載と同じという考え方で、民法上の不法行為としての名誉毀損は、その行為が公共の利害に関する事実に係り、専ら公益を図る目的で行われた場合において、摘示された事実がその重要な部分について真実であると証明されたときは、当該行為は違法性を欠き、不法行為にならない（最高裁平成41年6月23日民集20巻5号1118頁）という判断枠組みを取っている。上記の公表は、公共の利益のためであろうし、事実誤認かどうかだけが論点になる。公表前に遵守すべきルールはほとんどない。

　しかし、行政機関が行うホームページへの公表は、私人が行う公表とは異なり、勧告や行政処分に続く行政活動の一環である。そして、それはこのネット時代、いつでも検索され、コピーされるので、間違った場合の被害は甚大である。会社を潰してしまう力がある。リフォーム業者の場合、契約をしても、顧客がネットで検索してキャンセルしてくるし、建築士の場合、その手がけた建物が安全かどうか、大騒ぎになる。銀行融資は止まり、カード

の使用も停止されたりする。したがって、公表は行政処分以上に重大な不利益を及ぼす。行政処分なら国民の権利義務に影響があるとして、法律による行政の原理により法律でルールを置かなければならない。公表は私人でも行うことがある事実行為であるから、法律による行政の原理の適用がないと思われているが、その影響に鑑み、法律による行政の対象に取り込んで、公表のルールを予め法律で定めるべきである。

そして、違反とされる状況を分かるように丁寧に示すべきである。

たとえば、第1章**3**のリフォーム業者事件では、顧客に呼ばれて、5時に行って、10時まで粘った迷惑勧誘とされている。しかし、消費者が虚偽の申告をすることもあるから、業者の主張も同時に掲載すべきである。本当にその間5時間も粘ったのであれば、どんなやり取りであったのか、また、それはその業者の取り扱う多数の事件の内の何件なのか（この事件ではわずか1件）、業者の方は19時で退去したと主張していること、前金を取っていないので、キャンセルされれば意味がないから、そのように無理に粘って契約を取る意味がないと主張していることなど、同時に掲載すべきである。

また、この公表は重大な損害を発生させるから、多数の案件の中でわずか1件では公表できず、業者の営業活動に組織的に不正がある場合に限るとすべきである。

現にタクシー会社などでは有責事故が1件でもあると、悪徳タクシー会社として公表されるようにはなっていない。役所も、違法行為をする役人が一人でもいると役所自体が公表され、非難の矢面に立たされるようにはなっていない。特商法では、組織としては防ぎきれない末端の職員の限られた違反でも会社自体が悪徳業者とされるのは、どう見ても行きすぎで、比例原則違反である。

その後、違反を防止する体制が取られたら、公表を取りやめるべきである。今はともかく5年も公表されている。これでは普通の会社では、偽装解散して別会社を作るしかない。

4 さらなる行訴法改革を　89

❹ 印紙代の不合理

　印紙代（提訴手数料）がべらぼうに高い。たとえば、違法な処分でほとんど潰されかけている会社が青息吐息で行っている10億円の国家賠償事件でも、上告事件では601万円（5億円なら304万円、1億円で64万円）の印紙を貼らなければならない（一審の倍）。結局は三行半（第9章**5**）ではねられる可能性が高いのであるから、これだけ貼っても上告する価値があるか、依頼者と慎重に議論し、勝訴の見込みを調査しなければならない。その結果費用の負担に耐えかねて、訴え提起、上訴を断念することが多い。裁判を受ける権利（憲法32条）が侵害されている。

　わざと印紙を貼らない書面を提出し、印紙貼付命令が来てから考えることとして、時間を稼ぐウルトラCもあるが、正当な手法ではないだろうし、時間稼ぎもせいぜいは1、2週間である。

　特に行政訴訟では、私的当事者間の経済的な利害の争いである民事訴訟とは異なり、法治国家のインフラであるので、特別の事情がある。

　1億円の課税処分を受けて最高裁まで争うと、144万円の印紙代がかかるが、税務署が税金を請求しているのであるから、税務署が印紙を貼るべきで、納税者が印紙を貼る必要はないとすべきである。

　元会社員に対し在職中の懲戒処分事由が発覚したとして、退職金の返還を求めるには、会社側が印紙を貼って訴えるが、官庁が元公務員に対して退職金の返還を求めるには、退職金返納命令を発するので、元公務員が印紙を貼って取消訴訟を提起することになる。この違いに合理的な理由はない。

　1億円の土地収用、区画整理では、1億円を払えというのではなく、補償金を返すから土地を返せ、別の換地を寄こせと主張しているのであるから、1億円の請求ではないのであるが、1億円請求した扱いである（詳しくは、阿部「基本科目としての行政法・行政救済法の意義（5）」自研77巻9号〔2001年〕）。

　しかも、これは法律に規定されているのではなく、最高裁民事局長通達によるものであるから簡単に見直すべきであるが、現場を支配している。依頼

者は印紙代の額を聞いただけで、訴訟に消極的になる。高裁で5割増し、最高裁で倍となるので、高額請求の場合、依頼者は意に反して請求額を大幅減額することが多い。そして、弁護士費用は払えないと言われる。弁護士は無料で控訴、上告する羽目になる。弁護士の犠牲において国家が儲けているのである。なお、台湾の行政訴訟では印紙代は低額（定額）である。

　その上、裁判所が印紙補正命令を発するとき、あらかじめ上記のような理由を付けて申し立てても、これに反論することはない。専制国家と変わりはない。

⑤ 行政訴訟にこそ裁判員制度を

　裁判員制度が導入されたが、刑事事件の重大事件についてだけである。裁判官が歪みやすい事件には、もっと裁判員制度を導入すべきである。行政事件判決は中東の笛と酷評されるほど歪んでいるので、その是正のために庶民の目で見てほしいのである。帯によれば、「元エリート裁判官衝撃の告白！最高裁中枢の暗部を知る。裁判所の門をくぐる者は、一切の希望を捨てよ！」という、前掲・瀬木『絶望の裁判所』152頁は、裁判官が裁判員と接して変化が期待できるという効果は甘いというか幻想であるとしている。一般的には、その通りではあろうが、庶民感覚から外れた行政事件を目にすると、素人の発言が重みを持つと筆者はまだ期待している。前記森田著『裁判所の大堕落』も、行政訴訟では裁判員制度に期待している。

　泥棒に刑法を作らせる愚は裁判官にも当てはまる。えん罪など、裁判の誤りを理由とする国家賠償訴訟では、最高裁の判例は、裁判の違法は、「裁判官が違法又は不当な目的をもって裁判をしたなど、裁判官がその付与された権限の趣旨に明らかに背いてこれを行使したものと認めうるような特別の事情があることを必要とする」（昭和57年3月12日民集36巻3号329頁、最判平成2年7月20日民集44巻5号938頁）としている。証拠を故意に読み間違え、被告の行政庁も主張しない屁理屈でも、原告の主張を故意に歪曲しても、理由をつけずに無視しても、すべて国家賠償法上は違法ではないというルールが作ら

れている。なぜこんな無茶がまかり通るかといえば、裁判官を規律するルールを裁判官が作るので、自分たちに甘くしたいからである。これを防止するには、裁判員制度を刑事事件だけではなく、裁判官の責任を問う訴訟にも導入することが適切である。

　住民訴訟は公金の無駄使いを是正させるためであるから、無駄使いか、適法な使い方かについて、庶民の発想を入れるべきである。

　もちろん、刑事裁判への裁判員裁判の導入においても、種々の案、問題点があるように、行政訴訟への導入についても、制度化には種々問題点が生ずるし、諸外国の経験に学ばなければならない（山村恒年編『市民のための行政訴訟制度改革』〔信山社、2000年〕115頁以下）が、前記（第1章）のリフォーム業者事件、交通違反事件の例は、庶民が判断する方がまっとうにならないか。

６ 公正取引委員会の審決の改革の愚

①東京地裁が第一審に

　もともとは、独禁法事件の処理には高度の専門家が必要であるから、公正取引委員会が設置され、丁寧な審理を踏まえたその審決に対して、実質的証拠法則（裁判所は公取の事実認定を原則として尊重する制度）の下で、それを一審扱いとして、東京高裁の特別部で裁判することとなっていたが、これでは公取の審決が下されるまで処分がなされないので、企業側の引き延ばしに使われた。そこで、公取が第1次的に処分を行い、事後に公取に不服申立てをする事後救済システムに変更された。しかし、これでは、公正取引委員会は、内部で訴追・検察機能と裁判機能を分離しているものの、結局は同じ公取の下にあるから、公正ではない（自然的正義の原則違反）との批判が経済界から出て、2013年12月に、公取から審決機能を奪い、東京地裁が第一審として判断するよう独禁法が改正された（2015年に施行）。

②東京地裁は不適任

　東京地裁は専門裁判官の養成を急ぐべきことになる。しかし、たかが行政訴訟でさえ専門裁判官が不足していると称して、行政訴訟の管轄拡大に消極

的な裁判所（第4章1 **1**）が、経済学と経済の動き、経理に強くなければ無理な独禁法事件を適切に処理できるわけはない。しかも、地裁は、50歳前後の裁判長と、修習生を終わったばかりの左陪席、中間の右陪席の構成で、若手である上、これまで独禁法の経験がない。公取は、行政委員会として、独禁法の法律と経済に明るい委員で構成されている。これでは、専門家の判断を素人が判断する愚を犯すだけである。地裁に独禁法専門家をおくべきだといっても、独禁法専門部だけ、公取のような専門家を裁判官として集めることも難しい。そもそも、経済学者は下級審裁判官資格を有しないから、公取の委員にはなれても、東京地裁の裁判官にはなれない。法律家で、独禁法専門部裁判官にふさわしい人は限られている。しかも、慣例通り数年で転勤するのでは誰もなり手がなく、10年も同じポストにいたのでは、裁判官人事の慣例が狂ってしまう。うまくいくわけがない。

③公取2分割が適切

　本来は、公取を分割して、検事役と行政機能を持つ第1公取と、裁判官役を担当する第2公取に分けるべきであった（中川政直「独占禁止法執行機関論」関東学院大学・ジュリスコンサルタンス19号（2010年）35頁以下参照）。

7 行政の暗闇照らさぬ法テラス

①行政事件の相談項目なし

　日本司法支援センターは法テラスと称し、法を明るく照らす、庶民に法を身近に感ずるように支援する機関である。司法改革で創設された。それは民事、刑事では、ある程度役だっているようである。

　しかし、法テラスの法律相談では行政事件はやっていない。（http://www.houterasu.or.jp/tokyo/guidance/ ）全く受け付けないわけではないかもしれないが、相談項目には行政事件らしいものは入っていない。税金、まちづくり、入管、環境といった項目はない。

　総合法律支援法4条では民事扶助の中に行政事件を入れているから、行政訴訟の相談窓口がないのはおかしいのだが、筆者に相談に来たある方が、先

に法テラスの都内近場4カ所に連絡をとり、「行政訴訟を得意とする弁護士に相談したい」と述べたが、しかし「一般相談になりますね」であった。そして、法テラス池袋では、相談弁護士は行政訴訟はやってないとのこと。

筆者も、法テラス兵庫に問い合わせてみたが、免許取消し等を除き行政事件らしいものはなく、行政訴訟に詳しい弁護士もいないので、できないという。行政訴訟に詳しい弁護士など、神戸にも相当数いるので、探して頼めばよい、やらないのは総合法律支援法違反だと言ってやったが、現在はとにかくやっていないの一点張り。

また、法テラスは個人の事件をやっているので、営業不許可は対象外という。零細な個人営業は、法テラスの陰に隠れてしまうのだ。これでは、行政側は安泰だ。

① 「行政の暗闇照らさぬ法テラス」
② 「法テラスの陰に隠れる違法（悪徳）行政」

ということになる。

②なぜ行政事件を扱わないのか

なぜこんなことになるのか。法テラスは法務省管轄だから、行政が訴えられないようにと、わざと行政事件を暗闇にしているのではないか。あるいは、裁判とは民事、刑事だとの思い込みによるのかもしれない。行政法は雑法ではなく、基本科目であるとして、法科大学院と新司法試験で必修になったことを未だに理解していないのかもしれない。名古屋弁護士会の法律相談項目を見ても、行政事件らしいものはなかったので、後者の見方が正しいのかもしれない。

③持ち込み案件では不十分

法テラスには持ち込み案件というのがあるので、行政訴訟が得意な弁護士を外で探して、法テラスから支援決定を受ければ相談料などが支払われる。しかし、弁護士としては、安くて、手間暇がかかって、とても割に合わない。市民が最初から法テラスで相談を受けることができるようにすべきだ。

④訴訟救助を行政事件には緩やかに

前記したように行政訴訟・国家賠償訴訟はネズミがライオンに挑むような戦いである

　原告の立場では、徒手空拳、財源なし、訴訟の成否の見通しもはっきりしない。このような状況で訴訟を提起する。この負担は重い。

　訴訟救助は、貧困者にだけ適用される。通常の民事訴訟を念頭においている。巨大な国家権力相手では、訴訟救助が適用されない者でも、とうてい闘う資力がない。

　訴訟救助では、原告の財政状況だけではなく、被告との力関係、訴訟に要する費用などを考慮して決めるべきである。総合法律支援センター法は間違っている。

⑤総合法律支援センター法の2016年改正

　このように書いていたら、行政不服審査の申立に対する援助が認められたが、それは「認知機能が十分でないために自己の権利の実現が妨げられているおそれがある国民等（以下この項において「特定援助対象者」という）を援助する場合　民事裁判等手続又は当該特定援助対象者が自立した生活を営むために必要とする公的給付に係る行政不服申立手続」という限定がなされたので、まだまだ不備であろう。

8 公益訴訟勝訴報奨金制度の提唱

①フリーライダー

　行政訴訟は、建前では原告の利益を守るためであるが、原告が勝訴すれば、他の多くの人の利益になる例が少なくない。

　たとえば、成年被後見人の選挙権を認める判決（東京地裁平成25年3月14日判時2178号3頁）は、原告以外の成年被後見人に選挙権を与えることとなった。インターネットによる第1、2類医薬品販売をする地位を原告に認める判決（第9章**1** **5**）が出たら、原告以外の業者もネット販売に参入した。これでは原告が闘って勝ち取った判決の成果を同業者に取られることとなる。神奈川県臨時企業特例税でも、最高裁で違法とされた（最判平成25年3月21日民

集67巻3号438頁、判時2193号3頁、判タ1391号113頁）ら、神奈川県は原告以外の納税者企業にも莫大な還付をした（「憲法無視の制定法準拠主義」税2013年7月号23〜31頁、『行政法の解釈（3）』）。フリーライダーもいいところである。

　これでは多くの業者は、訴訟中は高みの見物、原告が勝てばその成果を横取りする。原告はくたびれ儲け。違法行政を是正するインセンティブに欠ける。

②原告に利益を還元せよ

　そこで、原告以外は、1年間は販売できないという制度を創設すべきであるし、原告以外は争わなかったのであるから還付しないこととすべきである。法的に言っても、ネット販売をすることができる地位が確認されたのは原告だけであり、裁判ではネット販売を禁止する省令が無効になったわけではない（省令の違法は理由中の判断にとどまる）から、他の業者は、形式上存在する省令の故にネット販売できないとされてもやむを得ないのである。したがって、他の業者には当面ネット販売を認めないことは不合理ではない。臨時企業税の事件でも、原告以外は、課税処分を争っていないのであるから、今更税金の返還を求めることができなくても不合理ではない。

　より一般的に言って、原告には特別に公益訴訟勝訴報奨金を出す制度を作るべきである。その原資は、違法行政を行った国が出すしかないかもしれないが、そうしないと不公平であるし、制度も機能しにくい。

9 行政訴訟の審理に関する法律案要綱の提案

　行政訴訟の審理は、被告側「敏腕」弁護士による民訴の悪用のため、無茶苦茶なことが多い。それは裁判官が公正にやるはずだというだけで、細かい規定がないためである。そこで一案を作った。下記は基本的には民事訴訟にも妥当するので、民訴法改正が必要である。具体的な条文は民訴法と行訴法との調整がいる。

①当事者の対等性

　行政訴訟の審理は、両当事者の対等性を基本に行わなければならない。

【説明】訴訟の基本原則の一つは、両当事者の対等性である。この自明の原則は、訴訟の現場では守られていないことが少なくないことは下記の通りである。

②訴状は速やかに送達せよ

　裁判長は、訴状が提起されたときは、民事訴訟法137条の定めるところにより不備補正を命ずる場合を除き、訴状を被告に速やかに送達しなければならない。

【説明】これは当たり前である。民訴法1条には、「裁判所は、民事訴訟が公正かつ迅速に行われるように努め」と規定しているが、筆者が代理して提起した住民訴訟では、前記の通り（**4 2** ⑤）、提起してから何度も書記官に催促したが、裁判官が審査中と言って遅れ、送達についに3カ月近くもかかった例もある。原告は、監査委員の監査が終わってから30日以内に出訴しなければならない。これは、監査結果を見て、不服を言えば済むものではなく、契約とか公金の支出など、財務会計行為の流れをきちんと証拠で整理して、被告、請求の相手方を理論的に整理し、財務会計行為の違法、過失、損害をきちんと書かなければならないので、非常に厳しい。しかも、原告が多数の場合、その意思を確認して委任状を取るというのも、相互の日程の都合で簡単ではない。原告代理人は、まともな着手金ももらわずに（住民訴訟ではこれが普通である）、大変な苦労をしている。

　他方、裁判長は、訴状の審査においては、訴訟要件や請求の当否は一切審査すべきではない（新堂幸司『民事訴訟法　第四版』〔弘文堂、2008年〕211頁）。それにも拘わらず、なぜこのように時間がかかるのか。原告の訴え提起は30日を過ぎれば却下されるが、裁判官がこのように理由もなく時間をかけても、何ら処分を受けない。およそ不合理であるから、民事訴訟法も改正すべきである。

③立証責任は被告に

　被告は、処分要件を充足する事実に関して立証し、それが法規に適合することを主張・立証しなければならない。

【説明】立証責任、主張責任については種々の説があるが、行政処分は、専門家であるべき行政機関が法令に基づいて責任を持って行う以上は、自ら処分が適法であることを主張、立証しなければならないというべきである。これは法律による行政の原理から導かれる。反対説はあるが、自分のしたことは自分が立証するのが当然である。

　課税処分における必要経費の立証については、納税者は必要経費と思う経費を示さなければならないのは当然であるが、納税者が示した経費が必要経費と評価しうるかどうかは、税務官庁が主張立証しなければならない。

　これは不利益処分だけではなく、各種の給付金や生活保護など、受益処分でも同じである。申請による処分については、申請者が、申請の内容が処分要件を満たすことを立証しなければならないという説も多いが、それは民訴的な思考である。行政処分は、行政機関が法令に基づいて判断しているのであるから、申請者の申請内容に照らして拒否することができることは、行政機関が立証すべきである。

　住民訴訟では、被告に説明責任を負わせるという、平成14年改正の趣旨にかんがみ、不法行為訴訟であっても、被告に立証責任を負わせるべきである。

④第1回期日を充実させよ

　第1回期日は、訴状送達後、遅くとも2カ月以内には（差止訴訟、執行停止等では1月以内）、原告、被告の日程を調整の上、定めなければならない。

　被告は、第1回期日の10日前までに、訴訟要件のみならず本案についても、丁寧に反論する書面を提出しなければならない。

　さらに、被告は、行政処分の根拠を知悉しているはずであるから、次回も、1カ月以内に書面を提出しなければならないとする。

【説明】現在の運用では、第1回期日は裁判所が一方的に指定するので、被告は請求を棄却する、訴訟費用は原告負担とするという答弁書を提出するだけで、出廷しないことが多い。

　しかも、被告はそれから準備するというので、第2回期日はだいぶ先に指

定される。そこで、全てについて反論するのかと思うと、五月雨式に反論する。訴訟要件については、簡単な理由で却下を申立て、本案については全部反論せず、少しずつ反論することが少なくない。

　処分後、異議申立てをして、棄却されてから取消訴訟を起こしたあるケース（第1章6、保安林指定不解除の違法を免責した事件）では、被告（国）は、本案については、ほぼ6カ月後にやっと反論した。

　これでは第1回期日は原告がわざわざ出廷するのは無駄である。遠方からなら多大な費用と時間をかけなければならず、負担が重い。訴状を提出しているのであるから、上記のような運用を変更せずに、被告が請求棄却を求める答弁書を提出するだけなら、擬制陳述扱いとして原告の出廷を免除すべきである（民訴法158条の義務的活用の提案）。

　今のやり方では審理に時間がかかる。仮の救済を求めても、本案の審理が進まないので、裁判所に本案が違法であるという心証を抱かせるのが難しい。その間、原告は処分を受けているので、営業が困難になり、破産しそうになる。

　役所は、普通は自分で法律案を立案し、運用しており、その上処分をしている（しようとしている）どころか、異議申立てを棄却しているのであるから、訴訟を提起されたら、直ちに反論できるはずである。

　それに、議員が国会法に基づいて質問主意書を提出して内閣に質問するときは、内閣は1週間以内にきちんと文書で答えることになっている（国会法75条2項）。普通の国会質問は前日に質問要旨を聞き取って、役所が徹夜で準備する。

　被告が訴訟ではこうした迅速な対応をしないのは、規定がない、裁判所が甘いためであるが、引き延ばして原告が倒産することを期待していることと、処分に理由がないので、理由を後付けでねつ造するために時間がかかるためとしか、理解できない。

　ところが、裁判所は、原告が被告に上記の通り直ちに反論できるはずだから、すぐ反論させよと主張しても、被告は稟議をして決裁を得る必要もある

4 さらなる行訴法改革を　99

し、やむなしと、被告の方にだけ理解を示すのが普通である。原告代理人も、多数の業務を抱え、多数の原告、相代理人（相棒＝パートナーである代理人）との調整のために時間がかかる（特に筆者の場合、相弁護士は遠方にいることが多い）のであるし、証拠などが被告側にあるので、書面作成にも苦労するのである。

　なお、大企業が当事者である会社相互の訴訟では、即座に反論を求めたことが話題になったという。理由は、大企業ともあれば、社内で適法性について事前にしっかり調査検討して、その上で販売に踏み切っているだろうから、仮処分の申請がなされたからといって、その反論に長時間が必要であるわけではなく、十分な準備が整っているはずだということである（中村直人『訴訟の心得』〔中央経済社、2015年〕26 ～ 27頁）。行政機関も、法律による行政の原理に照らして自分の行動を事前に吟味しておかなければならないはずであるから、訴えが提起されたらたちどころに反論できなければならないはずなのである。

　被告は訴訟要件が満たされなければ本案の審理は無駄であるから、先に訴訟要件の審理をするべきだと主張して、裁判所も、訴訟要件の審理を長々とやっている例がある。これでは訴訟要件の制度は権利救済妨害規定であるし、行政事件訴訟法は権利救済を妨害している。訴訟要件は柔軟に解釈すべきである（「行政訴訟における訴訟要件に関する発想の転換」判時2137号2 ～ 27頁）。

　訴訟要件の審理に時間をかけるべきではない。早急に本案に入るべきである。

⑤裁判所の原告のための釈明義務

　裁判所は、釈明は、原告のために行う。不意打ち禁止。

　原告の請求を却下、棄却する場合には、事実問題、法律問題ともに、原告に十分に釈明の上、必要な主張立証をさせなければならない。

【説明】行訴法の釈明の特則（23条の2）、職権証拠調べ（24条）は生きていない。

しかも、裁判所は、被告の主張の不備について釈明してさらに立証させ、原告の方には判決釈明（判決で初めてこういうことだったと教えること）をすることがある。

　被告側は自ら専門家として行なったことであるから、裁判所から釈明されなくても適切に答えるべきで、それができなければ、職務能力に欠けているのであるから、担当者を配置転換すべきであり、また弁護士を解任すべきである。

　原告の方は、生まれて初めて受けた処分ということが普通であるから、必ずしも適切に訴訟を追行できない。有能な弁護士に委任しても、役所並みには調査能力・権限はない。

　被告は、行政裁量に逃げ込もうとすることが多いが、そのようなおおざっぱなことを根拠とするのではなく、事実をきちんと認定し、それに基づく筋の通った理由付けで処分を根拠づけるべきである。裁判所は、被告に対してそのような指示をすべきである。

　被告は、処分の違法性の根拠となる証拠は隠して、提出しない。文書送付嘱託、文書提出命令についても、屁理屈を付けて抵抗する。悪しき当事者である。

　被告は公正な立場にある行政のはずであるし、民事訴訟法2条は当事者に信義誠実の義務を課しているのであるから、いわゆる客観義務を課し、釈明は、原告のためにだけ行うとすべきである。むしろ、被告に対して、処分の違法性を証明できる証拠でも、あると考えられるならば、提出を求めるべきである。

　原告が被告の主張をすべて論破しても、被告も主張しない想定外の理由で原告を敗訴させる判決が少なくない。事実認定でも、原告側の証人は全て信用せず、被告側の証人は全て信用できると理由もなく断定して負かされた例がある（第1章**3**、前記リフォーム業者事件）。とんでもないことである。

⑥**審理方針の適切な策定と原告に不利な変更の禁止**

　裁判所は、当事者の意見を聞いて訴訟の審理方針を定める。事態の変化、

その他の合理的な理由がなければ、当事者の不利益にこれを変更してはならない。

【説明】すでに第1章**10**、第2章**1** **6** ⑤で取り上げたことであるが、北総鉄道の運賃値下げ義務付け訴訟においては、前裁判長は、原告適格については十分に主張した、被告は本案について反論せよと指示した。ところが、後任の裁判長は、これに拘束されない、自分は原告適格について命をかけて審理するとして、原告適格を厳密に判断することとした。しかし、この訴訟指揮はくるくる変わった。そのため原告団と弁護士は苦労した。このようなことがないようにすべきである。

⑦裁判所の適正審理義務

裁判所は、当事者の主張・立証を整理の上審理に臨まなければならない。

【説明】当事者の主張をまじめに読まずに審理に臨んでいるとしか思えないことが時々ある。控訴理由書を読んでいるとも思えない例もある（もちろん、裁判長の訴訟指揮、釈明を聞いて、しっかり読んでいるなと思うことも少なくない）

⑧結審の方針説明義務

裁判所は当事者に審理の方針、終結の見込みを説明しなければならない。

【説明】裁判所は審理の方針を示して、どれだけすれば結審になるか、結審に向けてどれだけのことをせよと指示すべきである。

突然結審され、待ってといっても、もう遅いといわれたことがある。又、審理の経過からは予想外の判決を受けることがある。

⑨計画審理の必要

裁判所は、口頭弁論を主宰した裁判官が判決を言い渡すことができるように、計画的に迅速に審理する。

【説明】計画審理が言われているが、なかなか実現しない。転勤も減らすべきである。

⑩判決日・期限延長の禁止

判決は、結審後2カ月以内に行う。

【説明】これは民訴法251条に明示されているが、実際には、「特別の事情が

ある」ということなのか、結審後判決まで1年もかかったケースがある（イン
ターネットによる第1、第2類医薬品販売禁止違憲訴訟に関する前記東京高裁。平
成23年4月に結審したのに、判決は24年4月26日、勝たせてもらえたからいいよう
なものの）。その間に原告会社は重大な不利益を受けて、経営が困難になっ
た。あるいは、損害賠償訴訟なら利息がどんどん増える。この2カ月の規定
を守れない理由をきちんと明示し、それが妥当でなければ裁判官の懲戒事由
となるとすべきである。

⑩ 行政不服審査法改正の不備

①行政「不法」審査法？

　行政庁から違法と思われる処分を受けたとき、裁判所に訴える前に行政機
関に不服申立てをする手続を定めたのがこの法律である。行政への不服を審
査してやるという意味であるが、ある出版社が注釈書の背表紙に「行政不法
審査法」というタイトルを付けて売り出そうとし、間違っているのが分かっ
て、あわてて回収したことがあった。しかし、よく考えると、民の不服を審
査するという、お上の立場で考えるべきではなく、行政の不法を審査すると
いうのが適切であるから、これは正しい間違いではなかったか。

②人が肝心

　2014年春に、この法律が全面改正された。肝心なのは、審査に当たる審
理員及び行政不服審査会委員というポストにどういう人が就くかであるが、
この法律では審理員は原処分に関与していなければ同じ役所の職員でよく、
行政不服審査会の委員には役人少なくとも裁判官の天下りもできるように
なっている。役人の場合、専門知識があると称するのであるが、彼らは役所
側に立った判断をするであろうから、私人の正当な不服をかわし、行政を救
済することになりかねない。

　公正中立・専門性ありと称して、高裁長官や東京高裁裁判長等で定年に
なった者が多数入るのではないか。これが組織的癒着であることは先に説明
した（第2章2 ■）。現実にはその予測通りである。

4 さらなる行訴法改革を　103

そこで、弁護士や研究者等在野を多数入れなければならない。しかも、役所に都合のよい者が一本釣りされないように、弁護士会等がきちんと審査して、公正で能力のある者を推薦する仕組みとすべきである。

　これに対して、行政の専門性がわからないではないかといった反論があるが、そもそも、専門性などといっても、行政側と申立人の両方の主張を見て、まともな法律家が判断できないほどの専門的なものはごく稀である（「行政不服審査法改正への提案（1）（2）」自治研究86巻11号、12号、〔2010年〕。「行政不服審査法改正における『審理官』のあり方」自治実務セミナー 2011年11月号。「改正行政不服審査法の検討」自治研究91巻3号〔2015年〕以下）。専門性が必要なのは、審理員とか行政不服審査会の委員というよりは不服申立ての代理人である。それは次に述べる弁護士の業務の専門性や広告規制の緩和によって対処できる。心配したものではない。

③行政書士の不服申立代理権

　なお、この改正と同時に、行政書士も20時間の講義を受け、「認定」を受けて、行政不服申立ての代理をすることができるようになった（2014年行政書士法の改正、「行政書士の行政不服申立て代理権、法改正で導入」自治実務セミナー 2014年9月号）。私人のアクセスが広がるが、不服申立ては裁判と同様に対決手続であるから、一般に、日頃行政の言うとおりにして許認可を取ることに専念している行政書士は、突然変異でも起こさないと、任務を果たせないと思う。また、稀には戦う行政書士がいるとしても、訴訟手続をしたこともなく、事実認定、法理論は弁護士並みとは言えないのであるから、当面は行政事件専門弁護士と共同代理をする方がよくはないか。

④簡易迅速の鍵は審査請求人のための職権調査

　行政不服審査は、「簡易迅速」に行うべきことになっているが、迅速でもずさんに判断されて、請求を棄却されては意味がない。「公正」な判断こそ肝心である。そのために審査請求手続において、処分庁から反論書が提出され、双方の主張が整理され、行政不服審査会で審査される。しかし、そうすると、「簡易迅速」ではなくなる。

どうすれば、簡易迅速だが公正な判断が確保できるか。不服審査においては、弁論主義が支配する裁判とは異なり、職権調査・職権探知（審理員、行政不服審査会が職権で事実関係を調査すること）ができることになっている。そして、処分庁は自ら調査をする権限があるので、審査庁はそのために調査をする必要がない。審査請求人は、権力を有しないので、調査のしようがない。そこで、審査請求においては、審理員も行政不服審査会も、審査請求人のために職権で調査すべきである。そうすると、簡易迅速で、かつ、公正な裁決を下せる。行政不服審査会の委員はこのように職権調査をする意欲のある者を任命すべきである。職権調査の予算も用意すべきである。公害等調整委員会なら公金で調査をしている（公害紛争処理法44条、同施行令17条）。香川県豊島の産廃公害事件がその例である。

第5章

行政の腐敗を超える国家賠償法の改革

役所は、行政訴訟に敗訴しても痛くもかゆくもない。また、役所の違法行為によって損害を被ったら、国家賠償訴訟の道もあるが、違法、過失、損害の証明は難しく、庶民は泣き寝入りするしかないことが多い。それではどうすればよいか。役所の〈お取りつぶし〉を視野に入れて考えたい。

1 役所は負けても痛くなし、庶民は大損害

　これまで行政訴訟の不備改善を主張してきた。しかし、行政訴訟が機能して、役所が負けても、何ら痛手はない。役所相手にする訴訟にも種々あるが、たとえば、課税処分では、違法として取り消されれば、税務官庁は、ああ、そうですかと、税金を徴収しないこととし、既に納入された税金の返還をすればすむ。交通警察は、駐車違反取締りを無茶苦茶やっても、滅多に訴えられないが、訴えられて敗訴しても、その反則金を返せばすむので、無茶苦茶やった方が稼ぎがよいことになっている。

　それどころか、公売処分が違法として取り消されても、物件は既に第三者に渡っている。税務官庁は取り返してくれず、高みの見物である。公売処分を受けた原告が、物件の現所有者相手にもう一度返還請求訴訟をしなければならない。その上、税務官庁を被告に国家賠償訴訟を提起すると、公売処分は違法であっても、過失はなかったと主張する。これでは、税務官庁は公売処分をいい加減にやって裁判で負けても何の痛手もない。税務官庁のモラルハザード（規律の喪失、倫理観の欠如）を惹起するシステムである。

　不許可処分、許可取消処分が取り消されても、役所は、ああそうですかと、許可証を発行し、許可を維持すれば済む。まるで何事もなかったかのように。

106　第5章　行政の腐敗を超える国家賠償法の改革

行政機関の違法行為により損害を受けたら国家賠償訴訟を提起することになるが、今度は違法、過失、損害を証明するのが難しく、私人は泣き寝入りするしかないことが多い。

　また、行政側は、国家賠償訴訟で負けても、その支払いは、国民の税金による。担当公務員も行政機関も何ら痛手はない。

　以下、そのための解決策を種々工夫する。

2 公務員個人への直接の賠償請求を認めよ

　民間の被用者が、過失で違法行為をすれば、会社の他に個人としても賠償責任を負う（民法709条、715条）。それは、故意又は重過失に限られない。ところが、判例は、公権力の行使に違法がある場合には、国・公共団体が賠償責任を負うので、被害者救済のためにはそれで十分であるとして、公権力を行使する公務員個人への賠償請求を否定している（最判昭和30年4月19日民集9巻5号534頁等）。そして、公務員に故意又は重過失がある場合には、賠償責任を負った国又は公共団体が公務員に対して求償権を行使することで、公務員に責任を負わせて、またその違法行為を防止することになっている（国家賠償法1条2項）。

　しかし、公務員個人の逸脱行為ならともかく、組織のミスの場合、仲間のかばい合いにより、求償権を行使しないことが多い（「国家賠償法上の求償権の不行使からみた行政の組織的腐敗と解決策」自治研究87巻9号〔2011年〕3〜32頁）。これを是正させる会計検査院や地方公共団体の住民訴訟はあまり機能しないので、公務員は安心して、確信犯で違法行為を行うことが増える。被害者は国家賠償請求により損害を回復できるといっても、役所が組織的に抵抗するので、勝訴は容易ではない。公務員個人を被告とすることができれば、勝訴しやすくなるし、公務員に責任を負わせなければ、公務員の違法行為を防止しにくい。

　しかも、判例は、警察官のような権力機構だけではなく、公立学校の先生

や行政指導を行う公務員も公権力を行使するとしている。先生の教育活動や行政指導といった、非権力的行為を公権力という不思議な用語法である。その結果、同じ学校事故、例えば柔道事故、組み体操事故、ムカデ競争事故、プール事故などでも、私立の先生は個人として賠償責任を問われ、公立学校の先生は個人としては責任を問われないという不均衡なことになっている。他方、医療行為は公権力の行使ではないので、国公立病院の医師も、私立病院の医師並みに医療過誤の被害者から賠償責任を問われる。

どうすればよいか。公権力という用語については、学校事故や行政指導を除外して、これには民法上の責任を課すように解釈し直すべきである。公権力を行使する場合には、公務員は現行法通り軽過失免責の特権を有するとするが、故意又は重過失がある場合には、被害者は公務員個人に対して国又は公共団体と連帯責任を問うことができると判例を変更すべきである。

また、求償は必ずしもなされないので、必ず求償するように義務化するとともに、被害者に、求償の申立権を与え、会計検査院又は自治体の監査委員がきちんと検査して、その結果を公表することとする。求償すべきなのに求償を行わない担当部門の長にも、連帯責任を負わせるべきである。

次に、違法行為を行ったのが、市町村長などトップの政治家である場合には、特別職であるから、公務員法の適用もなく、求償制度も機能しにくい。したがって、市町村長直々の違法行為である場合には、被害者から直接に賠償請求することを認めるべきである（『行政法再入門』第14章）。

3 過失の認定を厳しくせよ

1 たぬきの森事件

たぬきの森事件では、法解釈の過失が問われたが、裁判所があまりにも甘かったことは、第1章7で述べた。

2 検察官の過失に大甘

検察官の過失は、起訴時あるいは公訴追行時における各種の証拠資料を総合勘案して合理的な判断により有罪と認められる嫌疑があれば認められない（最判昭和53年10月20日民集32巻7号1367頁）とされているので、国家賠償請求は極めて狭き門である。

この点で重要ないわゆる遠藤えん罪事件については、**7**で後述する。

路上で女性に抱きついて怪我させたとして強制わいせつ致傷罪に問われたものの無罪となった男性が国家賠償を求めたところ、高裁では、女性はかなり飲酒しており、誘導尋問があった可能性があるにもかかわらずその女性の証言により起訴したのは過失があったとされたが、最高裁は、女性が犯人の特徴を述べたのは被害にあった直後だから、それを信用して起訴した検察官に過失はないとしたようである（最判平成26年3月6日、法学教室404号148頁）。

3 例外は志布志選挙違反事件

2003年4月の鹿児島県議選を巡る選挙違反事件（志布志事件）で無罪が確定した元被告人ら17人が、刑事補償を受けたほか、国と県に2億8,600万円の賠償を求めた訴訟で、鹿児島地裁平成27年5月15日判決（判時2262号232頁）は、双方に総額5,980万円の支払いを命じた。

最大の争点は捜査の適法性であった。初当選した中山信一元被告人側が計4回の会合で現金計191万円を渡して買収したという起訴内容だったが、アリバイがあり1回目の会合に参加できないはずの元被告が含まれていることから、判決は「裏付けに乏しく、会合が存在していたとは考えられない。虚偽の自白」と判断した。

県警の取り調べについて、逮捕を予告したり、買収の金額について供述をどう喝や誘導で強要したりしており「任意捜査の限度を超えている。社会通念上許されない」として違法性を認めた。検察に関しては、全被告が否認に転じても公判を継続した点を問題視し、注意義務違反を認定した。

同種事件で警察（県）側に賠償を命じた裁判としては、強姦（ごうかん）・強姦未遂事件で男性の再審無罪が確定した富山県の「氷見（ひみ）事件」をめぐる富山地裁判決（2015年3月17日）があるが、起訴・公判を担当する検察（国）の賠償責任が認められるのは少ない。

4　パトカー追跡事故は過失と推定せよ

　パトカーに追跡された自動車が暴走して、赤信号の交差点等で、第三者と衝突することがある。警察官が追跡の仕方に注意すれば、こうした事態を防げることが多いのに、実は、最高裁判例が警察官に甘いため、警察官が注意せず、このような事故を続発させているのである。ごく最近でも、2016年3月23日世田谷区でパトカーに追跡された車が他の4台に衝突し、4人の死傷者を出した。

　犯人が挙動不審である以上、その追跡は犯人との関係では適法である（警職法2条1項）が、被害を受けた第三者が警察の責任を追及すると、最高裁判例（昭和61年2月27日判時1185号81頁）は、右追跡行為が国賠法1条の適用上違法であるというためには、追跡が現行犯逮捕、職務質問等の職務の目的を遂行するうえで不必要であるか、又は逃走車両の態様及び道路交通状況等から予測される被害発生の具体的危険性の有無・内容に照らして追跡の開始、継続もしくは方法が不相当であることを要するとした。

　しかし、これでは警察に甘く、警察の無理な追跡を助長し、被害者は轢かれ損になる。犯人逮捕だけではなく、第三者に被害を及ぼさないことも重要な公益であるから、第三者に被害が発生したら過失を推定すべきである。そうすれば、警察は無理な追跡をしなくなって、被害が激減して、自分も助かったはずだという犠牲者の恨みの声が聞こえる。警察だけではなく、最高裁にも幽霊が出ないか。

5　人質司法は故意又は過失

①人質司法の事例

110　第5章　行政の腐敗を超える国家賠償法の改革

保釈は、「証拠を隠滅すると疑うに足りる相当の理由」等に該当しなければ認められる（刑訴法89条）し、勾留もそのほか「逃亡すると疑うに足りる相当の理由があるとき」等に該当しなければ許されない（刑訴法60条）はずである。しかし、現実には、自白するまで保釈は認められないのが普通のようである。勾留を担当する裁判官は、保釈を認めて逃げられたら失点になると、逃亡、証拠隠滅を「疑うに足りる相当の理由」を勝手に「おそれ」と理解し、しかもそれを現実的な可能性がなくても、抽象的にはあると判断する。その結果、保釈は、出たければ自白せよと迫る検察官の手段になっている。これを弁護士は「人質司法」という（木谷明「人質司法について」法学セミナー2014年6月号34頁）。えん罪の温床である。

　こうして、勾留されて無罪を訴えると23日間はもちろん、さらに長期に勾留される。3〜4カ月も勾留されることがある。厚労省村木局長事件は164日であった。虚偽の自白をした係長は1カ月で保釈されたが、このままでは長期間勾留されると不安になって、村木さんに罪をかぶせたようである。

　最高裁では、痴漢事件で、法定刑は5万円以下の罰金又は拘留若しくは科料というものであったが、被告人の未決勾留期間は93日間、起訴後の勾留期間に限っても78日間に及んでおり、このような法定刑の軽微な事件について、身柄拘束の不必要な長期化を避けるための配慮が十分であったとはいえない上、上記未決勾留期間のすべてが本件の審理にとって通常必要な期間であったとも認め難いとしたが、しかし、第一審判決が未決勾留日数を本刑に全く算入しなかったのは、刑法21条の趣旨に照らして問題があり、刑の量定に関する判断を誤ったものといわざるを得ないが、未決勾留日数の算入に関する判断は、本来判決裁判所の裁量にかかるものであることなどにかんがみると、上記第一審判決を是認した原判決を破棄しなければ著しく正義に反するとまでは認められない（最決平成14年6月5日判時1831号、判時1786号160頁、判タ1091号221頁）という。たかが罰金5万円の事件で、93日間の勾留をなぜ裁量で片付けられるのか。ひどいものである。

　更に、「勾留10カ月のち無罪『警察・検察は謝って』男性訴え」という記事

3 過失の認定を厳しくせよ　111

がある（朝日新聞2014年7月9日電子版）。大阪府泉大津市のコンビニで現金1万円を盗んだとして窃盗罪に問われ、2014年7月8日の大阪地裁岸和田支部判決で無罪を言い渡された男性（23歳）は逮捕から10カ月も勾留された。判決後、「警察と検察は一度でいいから謝ってほしい」と訴えた。弁護人は無罪の決め手となった証拠を当初提出しなかった検察側の対応を「証拠隠しだ」と批判した。

　男性は2012年8月7日に府警に逮捕されたが、すぐに否認。弁護人と相談して数日後から黙秘した。男性によると、取調べ担当の警察官に取調べ状況の録音・録画を求めると、「お前にそんな権利あるか」と拒まれたという。

　謝罪ではすまない。刑事補償（勾留の場合被疑者補償規程による）だけではなく、検察官、警察官に、故意又は過失があるので、国家賠償請求をし、さらに、本来なら、担当の検察官の個人責任を追及できなければならない（第5章**2**）。

②人質司法は国家賠償責任、職権濫用罪

　前記のように、保釈は証拠隠滅、逃亡のおそれが基準であるが、普通の生活をしている者なら逃亡することもなく、証拠等は最初からないのであるから、保釈されても、隠滅の方法がない。被害者を脅して犯罪がないこととするおそれがあるというようであるが、それも具体的ではないし、しかも、そんなことをすれば、それこそが犯罪を行ったことを推定させる証拠になる。逃げられても、たいていは捕まえることができるから、逃亡の可能性を重視すべきでもない。最近では、森炎『司法権力の内幕』（筑摩書房、2013年）123頁以下、弘中惇一郎『無罪請負人』（KADOKAWA、2014年）213頁以下もこれを指摘している

　人質司法とは、裁判官は嫌う言葉らしいが、無罪の推定が働くのであり、シラを切る者が多いとはいえ、有罪の立証は検察官の仕事なのであるから、自白に頼るのが間違いである。痴漢ならDNA検査をすればすむのである。

　したがって、「証拠を隠滅すると疑うに足りる相当の理由」が具体的に認定されないのに、自白するまで保釈を認めない運用は違法であるだけではな

く、杜撰で過失があるので、国家賠償請求が成り立つ上、さらに、勾留要件に当たらないことを認識しつつ、これまでの慣例だからとして勾留を認めたと考えられるので、故意があり、職権濫用罪（刑法193条）、逮捕監禁罪（刑法220条）に当たるというべきである。

③嘘の供述で強姦罪、452日間拘置

さらに、鹿児島地裁名瀬支部の2002年頃の事件であるが、女性の虚偽の証言で強姦罪で、逮捕の上、452日も勾留され、懲役6年を求刑されたとき、女性が「証言はうそだった」と述べたので、男性の無罪が確定した。刑事補償金約270万円の支払いが決定された。裁判官は「男性が受けた精神的苦痛は小さくないが、警察や検察の取り調べが違法、不当であったとまではいえず、身柄拘束にはやむを得ない事情があった」などとして、補償金は1日当たり6,000円が相当と判断したという。

強制わいせつをされたとする女性の供述が客観的な事実と符合せずに、逆転無罪となった例が報告されている（東京高判平成26年11月26日季刊刑事弁護83号〔2015年〕70頁）。

④人質司法をなくした最高裁の英断

法務省の統計では、昨年の勾留請求の許可率は98.4％と高い水準にあるが、改善のきざしが出てきた。

最高裁は平成26年11月17日付け決定（平成26（し）578号、判時2245号129頁、判タ1409号129頁）で、勾留には「証拠隠滅の現実的可能性」が必要とする判断をした。

電車内で女子中学生の体を触ったとして京都府迷惑行為防止条例違反容疑で逮捕、勾留された大阪府内の40歳代の会社員男性について、「被害者に働きかけて証拠隠滅する恐れがある」として勾留を認めた京都地裁の判断を、最高裁は「朝の通勤電車内の事件で、容疑者が（再び）被害者に接触する可能性は高くない」とした上で、勾留を認めた判断は「被害者に働きかける現実的可能性の程度について理由が何ら示されていない」と指摘して「著しく正義に反する」として、取り消す決定をした（これについては、季刊刑事弁護83

3 過失の認定を厳しくせよ　113

号〔2015年8月号〕の特集がある）。

さらに、平成27年4月15日最高裁第三小法廷決定（平成27年（し）第223号、判時2260号129頁、判タ1414号152頁）は、18歳の女性に対する強制わいせつ罪の否認事件において保釈を認めなかった高裁決定を取り消して自判した。

原々決定は、第2回公判期日後に、保証金額を300万円と定め、被害者、上記元生徒及び本件予備校関係者らとの接触を禁止するなどの条件を付した上、被告人の保釈を許可した。これに対し、原決定は、弁護人が請求を予定している元生徒の証人尋問が未了であり、本件予備校理事長の職にあった被告人が、上記元生徒ら関係者に働き掛けるなどして罪証を隠滅することは容易で、その実効性も高いと指摘し、被告人の保釈を許可した原々決定を取り消した。

最高裁は、「しかしながら、原々審が原審に送付した意見書によれば、原々審は、既に検察官立証の中核となる被害者の証人尋問が終了していることに加え、受訴裁判所として、当該証人尋問を含む審理を現に担当した結果を踏まえて、被告人による罪証隠滅行為の可能性、実効性の程度を具体的に考慮した上で、現時点では、上記元生徒らとの通謀の点も含め、被告人による罪証隠滅のおそれはそれほど高度のものとはいえないと判断したものである。それに加えて、被告人を保釈する必要性や、被告人に前科がないこと、逃亡のおそれが高いとはいえないことなども勘案し、上記の条件を付した上で裁量保釈を許可した原々審の判断は不合理なものとはいえず、原決定は、原々審の判断が不合理であることを具体的に示していない。そうすると、原々決定を裁量の範囲を超えたものとして取り消し、保釈請求を却下した原決定には、刑訴法90条、426条の解釈適用を誤った違法があり、これが決定に影響を及ぼし、原決定を取り消さなければ著しく正義に反するものと認められる」。

人質司法がここでも制限されることになった。慶賀すべきことである。しかし、本来は、被害者に接触して、証言を変えてくれなどと働きかければそれだけで怪しいという心証を抱かれ、有罪確実であろうから、そんな被告人

は滅多におらず、罪証隠滅のおそれは、被害者尋問が終わっていなくても、最初からなかったのではないか。

したがって、この人質司法は、故意少なくとも過失があるというべきである。

6 一般的にも過失を推定せよ

私人相互間は事実上はともかく法的には一方に優越的な地位はなく、対等である。裁判で権利が確定しないと執行できないのが原則である。したがって、一般的には無過失でも責任を負わせる根拠はないし、過失の推定をするべき場合も限られよう。

しかし、民間人でも、仮処分で執行したが、あとで仮処分が取り消されたら過失が推定されて賠償責任を負うのが判例（最判昭和43年12月24日民集22巻13号3428頁）であり、一審で勝訴して仮執行宣言を取って執行したが、高裁で逆転すると、無過失責任を負う（民訴法260条2項）。

公務員は民間人と異なり、法律に基づいて優越的に権力を行使することができる。行政機関が行政処分を発すると、直ちに効力を生じ、これに対して抗告訴訟を提起しても、執行停止もなかなか認められないという、お上優先の法制度がおかれている。たとえば、警察官は人を逮捕し、勾留する。建築行政当局は、違法建築物だとして、代執行で取り壊す。税務当局は、納税しないならと、預金や家を差し押さえ、家は競売してしまう。過大な課税処分についても、払わないと高額な利息が付き、滞納処分に進むので、やむなく物納したりして、大損する。営業許可の取消処分も、取消訴訟を起こしても、直ちに効力を発生する。執行停止は原則として付かない（第4章2 1）。これは、公益を実現するためであるが、間違えば、会社は破綻し、個人も再起不能に追い込まれる。これは刑事事件でえん罪により収監されたことと似たようなものである（〈行政えん罪〉）。

行政機関は、このように代執行、滞納処分という、強力な自力執行権限を有しているうえ、公益のために必要だとして、裁判所の確認を得ずに処分す

3 過失の認定を厳しくせよ 115

るのである。これは仮処分や仮執行宣言並み（いや、裁判所の判断がないので、それ以上）に危険責任の法理（危険状態を発生させれば過失がなくても責任を負う）が妥当すべきである。したがって、あとでそれが違法とされたら、仮執行宣言並みに無過失責任を負うとすべきである。少なくとも過失の推定を働かせるべきである。

　前記（第1章**7**）のたぬきの森事件では、新宿区は都の安全条例の解釈を誤ったことに過失はないとされた。それは明白に過失があると思料するが、それはともかくとして、一般論を言えば、そもそも、解釈論争が起きるのは、法制度が不明確であるためで、国民と行政機関に適切なルールを示すべき法令に欠陥があったためである。法令を作る立法者には明白な誤りがなければ過失はない（最判昭和60年11月21日民集39巻7号1512頁）こととされ、行政機関は一応の解釈を取れば過失がないとされる（これは前記のように誤りであるが）とすれば、国家の基本である法令の制定と執行過程に重大な欠陥（瑕疵）があるのに、被害者は泣き寝入りで、明治憲法の国家無責任の法理と同じになる。国家の仕組み（この場合には、都と区）に欠陥があったのであるから、国家が責任を負うのが当然と解すべきである。したがって、国家賠償法の解釈においては、過失の認定を大幅に緩め、仮処分並みに、違法であれば、過失は推定されるとすべきである。

　逮捕、拘禁も仮処分以上の権力行使であるから、過失を推定すべきである。

　前記のパトカー追跡事故も、直接の加害者たる犯人には賠償能力はなく、警察が犯人を追いつめて、衝突の原因を作ったものであり、被害者には落度があったわけではなく、犯人逮捕という公益の犠牲になったと考えると、警察官の過失を推定して、損害の負担はある程度までは警察に帰するのが、損害の公平な分担を理念とする国家賠償法に適合すると思う。そうすると、警察官も追跡の際もう少し注意するはずである。なお、逃走車を追跡する都合なら、今日ではドローンを活用すればすむだろうから、この判例は時代から遅れている。

4 えん罪補償は、拘束されていない期間でも不起訴でも行え

　えん罪で無罪になると、刑事補償法により補償が行われる。これは過失の有無を問わない。しかし、制限がある。死刑が執行されたら3,000万円以内＋財産上の損害、抑留又は拘禁は1日1,000円以上12,500円以内である。これは高くても、年俸400万円台であるから、多くの人にとっては、安すぎる。

　しかも、これは「未決の抑留又は拘禁を受けた場合」に限られるので、保釈中なら、自由の身であるとしてなんら補償されない。

　さらに、逮捕されたが、不起訴となった場合は、同様に被疑者として抑留又は拘禁を受けたが不起訴となった者に対して、刑事補償規程により補償の道があるが、それは、「その者が罪を犯さなかったと認めるに足りる十分な事由があるときは、抑留又は拘禁による補償をするものとする」とされている上、法律ではないので補償請求権はないとされ、不起訴となっても、警察、検察が誤認逮捕と認めるような場合しか補償されない。

　起訴されると、抑留・拘禁されていなくても、多くの会社は休職、免職にするし、新しい仕事もいくらもないであろうし、自営業者では顧客離れするから、大幅減収であり、また世間的にも肩身が狭い。それも本人だけではなく、家族みんな肩身が狭い。結果としては、不起訴でも、逮捕、取り調べ、世間の悪評の苦痛は耐え難い。

　そこで、拘禁されていない期間でも、被告人としての地位に伴う精神的不利益、財産上の損失は、いちいち裁判をせずとも補償するように刑事補償法を改正すべきである。逮捕、拘禁による損害も、結果として不起訴になれば、疑わしいなどと言って補償しないのではなく、すべて補償するようにすべきである。それも補償請求権があるように、法務省の内部の規程ではなく、刑事補償法に規定すべきである。

　そうすれば、疑わしいが証拠不十分な場合も補償することになり、不合理だなどと反論されるが、現行制度の下では、本当は疑わしくないのに捜査のミスで疑わしいこととされてしまう。間違っても補償しない制度の下では間

違いを犯しやすく、間違ったら機械的に補償する制度の方が間違いを抑制するのである。

金額も、稼得している者については、その証明を前提に上記の金額よりも上乗せすべきである。

5 人事院などへの懲戒請求を充実させよ

行政官の違法行為に対する救済は国家賠償訴訟によることになるが、実はそれは、救済手段としても、公務員の違法行為を防止するためにも機能不全である。そこで、違法行為をした公務員を懲戒処分にする制度を機能させることが必要である。

違法行為をした職員は任命権者に処分される建前であるが、仲間内なので処分をしないか甘い処分をする。

最近も、北海道警、身内に甘い処分……ひき逃げや横領、懲戒せずと報道されている。北海道警が2015年、ひき逃げや横領、傷害など法令違反が疑われる警察官の不祥事案を訓戒処分にとどめていたことが、毎日新聞の情報公開請求で分かった。道警はこれらの不祥事を公表せず、毎日新聞の取材にも詳しい内容や刑事処分の有無について説明しなかった。有識者から「処分は甘すぎる」と批判の声が出ている（毎日新聞2016年4月1日10時28分）。

警察本部長訓戒の中には、▽ひき逃げ行為をし、相手に傷を負わさせた＝巡査▽私的管理金を横領するなどした＝巡査▽同僚職員に傷害を負わせた＝巡査長──などがあった。方面本部長訓戒にも、職務上知り得た個人情報を利用し、部外異性に不安を与えるメールを送信するなどした＝巡査部長──などの事案があった。

そこで、公務員の処分を担当官庁に任せてはならない。国家公務員の懲戒権は任命権者にあるほか、人事院も有する（国家公務員法84条2項）ので、積極行使すべきである。地方公務員法には同種の規定がないが、自治体の人事委員会・公平委員会にも同様の権限を与えるべきである。そして、法改正に

より、被害者の国民に処分申請権を与えるべきである。そうすると、無茶苦茶懲戒請求がなされるであろうが、実は弁護士の懲戒請求はそのように濫用されている。根拠のない懲戒請求については、虚偽告訴罪（刑法172条）があるが、機能していない。そこで、懲戒請求権の濫用については、過料くらいは科することとして、濫用的な申請を防止するとともに、違法行為をする公務員は厳格に処分すべきなのである。なお、弁護士の懲戒請求についても、理由のないものは簡単に却下することとすべきである。

6 自白強要、証拠偽造・隠匿した検事、警察官を厳罰に

　戦後の三大列車転覆事件の1つである松川事件（筆者の郷里、今は原発事故のおかげで世界的に有名な福島県の東北線松川駅近く、1949年8月。3人死亡。筆者が小学校2年生の時）では、死刑囚が、アリバイの所在、無実を示す諏訪メモの発見により最高裁で逆転無罪となった。別の被告人が自白した、「1949年8月15日午前11時からの福島国労事務所における共同謀議」は、元毎日新聞記者の倉嶋康氏がスクープした諏訪メモにより、被告人の一人のアリバイが証明されて、事件が空中楼閣であることが明らかになったのである。

　しかし、この諏訪メモは、検察官が長く隠し持っていたものである。その結果、多数の被告人が死刑台直前まで行き来した。

　検察官は一度起訴すると、無罪の証拠があっても、それを隠し通して、有罪に持ち込もうとする性癖があるようである。こんな不正義があるだろうか。そんな検察官は、国家権力を使って、私人を死刑台に送ろうとしたのであるから、ただの殺人よりもはるかに重い罪に処すべきである。筆者は、裁判官の誤判の多さに吃驚して、本当なら死刑廃止論者だが、これを見れば、八つ裂きにしたい。そこで、証拠隠し、証拠偽造、虚偽証拠作成をした警察官、それにより死刑を求刑した検察官は、死刑と決めるべきである。そうすると、こうした事件では、公訴時効はなくなる（刑訴法250条）。松川事件にかかわった検察官はその後どのように扱われたのであろうか。

最近でも、厚労省村木事件では、検察はフロッピーの改ざんをした。大阪府警では、証拠の偽造・隠ぺいが頻繁に報道される。

　新宿署、痴漢冤罪をめぐる証拠隠蔽・改竄工作が発覚……違法捜査受けた男性は直後に死亡という報道がある（ビジネスジャーナル2016年3月30日）。

　弁護士になってみると、警察官は法廷で平気で偽証すると感ずる。死刑事件の袴田事件の再審開始決定をした静岡地裁平成26年3月27日は、事件の1年2カ月後に味噌タンクの中から発見された血の付いた衣類について、1年以上味噌に浸かっていたにしては色が不自然とし、警察官の証拠偽造の疑いを指摘している。それが事実なら、その警察官を死刑にしたいところ、少なくとも現行法上許される最大の処罰をすべきである。ところが、検察官は、高裁で、この衣類のカラー写真のネガを新たに証拠として提出し、ネガの鑑定を根拠に、色は不自然ではないと主張している。しかし、それまで検察は、ネガは存在しないと答えていた。そこで、弁護側は、これは意図的な証拠隠しだと、すべてのネガの開示を求めた（読売新聞2014年8月6日35頁）。

　次の**7**で述べるひき逃げ最高裁無罪の遠藤事件も、警察官の証拠偽造が疑われている（この種のことは、前掲・弘中『無罪請負人』に詳しい）。

　前記の鹿児島県志布志事件は自白強要、無罪らしいと分かっても検察官は裁判を強行したのである。関係者全員厳罰に処すべきである。まして、昇進させたり、退官後公証人のポストなどを斡旋することはとんでもない。

　福岡高裁宮崎支部平成28年1月12日判決（裁判長・岡田信）は、強姦事件でDNA検査に基づき、被害者証言を否定して無罪とした。そして、判決は県警による鑑定について、「被告の型と整合しないため、捜査官の意向を受け鑑定できないと報告した可能性も否定できない」と指摘。控訴審で裁判所に無断で独自の鑑定を行った検察の対応も、「検察官に有利な場合に限り証拠請求する意図がうかがわれ、裁判の公正を疑わせかねない」と厳しく批判した（時事ドットコム）。これもDNA検査ができなければ有罪＝えん罪になっていたであろう。

　こうした事件では、関係者を今からでも起訴するとして、ただし、証拠偽

造にかかわった検察官や警察官が自首すれば、刑を軽減するとすべきである。こうして初めて、えん罪が減り、また、なかなか開かない再審の扉が開かれやすくなるだろう。

　普通の行政事件でも、公務員は平気で嘘を言っていると感ずる。裁判官は、公務員は善人だという前提で審理するので、筆者はその壁を崩すのに苦労している。

7 裁判官の誤判を理由とする国家賠償訴訟を裁判員制度に

　裁判官の裁判を違法とする国家賠償訴訟において、最高裁の判例は、いわば中間説（制限的・例外的肯定説、違法限定説）で、確定判決は特段の事情がないかぎり違法ではないとし（昭和43年3月15日判時524号48頁）、「裁判官が違法又は不当な目的をもって裁判をしたなど、裁判官がその付与された権限の趣旨に明らかに背いてこれを行使したものと認めうるような特別の事情があることを必要とする」（昭和57年3月12日民集36巻3号329頁）としている。

　この判例は、再審を経ないで確定判決の違法を主張する確定判決攻撃型の国家賠償訴訟に関するものであるが、「裁判官がした争訟の裁判に上訴等の訴訟法上の救済方法によって是正されるべき瑕疵が存在したとしても」と一般的に述べているところからすると、そのほかに、確定判決で裁判の誤りが明確になった場合にも妥当することになる。最判平成2年7月20日（民集44巻5号938頁）は、前記最判昭和57年の「理は、刑事事件において、上告審で確定した有罪判決が再審で取り消され、無罪判決が確定した場合においても異ならないと解するのが相当である」としている。

　しかし、裁判官の責任をこんなに狭くして良いのだろうか。

　国道上に寝ていた者を轢過したとして業務上過失致死罪で起訴された運転手が、一、二審で有罪とされたいわゆる遠藤事件は、最判平元年4月21日（判時1319号39頁）で、一、二審とまったく同じ証拠に基づき事実誤認を理由とした破棄自判により無罪となった極めて異例の事件である。被告人が轢過現

場を過ぎてからすれ違った対向車のバスはその後轢過現場を通過したとき、轢かれる前の被害者を見ていたとか、被告人の車両のタイヤについていたのが本当に人血なのかなど、多数の点で疑問があるとして、最高裁は、重大な事実誤認であり、これを無罪としなければ著しく正義に反すると明言した。

そこで、13年以上の人生を失った元被告人が裁判官、検察官の違法・過失を理由に国家賠償を請求したが、東京地判平8年3月19日（判時1582号73頁、判タ918号78頁）、東京高判平成14年3月13日（判時1805号62頁）はこのいずれも否定した（最二小決平成14（オ）、14（受）1029号、平成15年7月11日、三行半の上告棄却・不受理決定）。しかし、その判断基準と評価は、えん罪犠牲者にとって厳しすぎ、判検事には甘すぎるのではないか。

この一審は、検察官については、「公訴提起自体に違法が認められない事案においては、新たに収集された公訴追行時の証拠によって、公訴提起時における証拠関係がことごとく崩され、もはやこれらの全証拠を総合勘案しても有罪と認められる嫌疑が存在しないという特段の事情が認められなければ、その公訴追行が違法であるとはいえない」。「本件の場合、……公判に提出された証拠関係によっても、……公訴を維持すべきでない特別の事情、すなわち、別に加害車両が発見された等、明らかに被告人を無罪とすべき事情があったわけではなく、本件1、2審の公訴を維持した公判立会検察官が未だ原告を有罪と認められる嫌疑が有ると判断したことに合理性がないとはいえず……、本件公訴追行が違法であると認めることはできない」という。これでは起訴された以上は、明らかに無罪とすべき事情がなければ、控訴を追行することが許されるのであって、無罪推定の原則、検察官の誠実な調査義務は無視される。

裁判官については、「一般的には、普通の裁判官であれば、冒さないであろうと推定される程度を超えて行った行為、これを『著しい』行為と定義することについては、異論がないといえるであろうから、それを分かりやすく数値に置き換えるとすれば、2分の1を超えただけでは到底足りず、少なくとも4分の3を超える割合をもって、初めて『著しい』との基準に適合するも

のと解するのが相当であろう」とし、これに当たらないとした。

　しかし、本件は最高裁が滅多に行わない事実誤認を理由とする破棄自判であるから、そのような事実誤認が少なくとも4分の3未満の裁判官によって行われるとしても、空恐ろしいことである。

　高裁判決は、刑事事件の「1審判決が示した評価は、……結果的に誤りであったけれども、経験則、採証法則を著しく逸脱したものとまでいうことはできないし、通常の裁判官は到底そのような判断をしないということができるほど明らかに不合理なものということもできないから、本件1審判決につき、国賠法上の違法があるとは認められない」とする。これでは、起訴された以上「裁判官が、通常の裁判官は到底そのような判断をしないということができるほど明らかに不合理」な判断をしなければ、賠償請求もできないことになる。刑事では「著しく正義に反する」が国賠ではそうではないことになり、これほどまで無理しなければ裁判官の独立性が保持されないのか、裁判官の「独立」が「独善」に堕するのではないか。いったいこれは法治国家なのか。これでは国家賠償訴訟は「画餅と化」してしまう。なお、これを担当したのは、阿部泰雄弁護士（筆者と一字違いで、まるで筆者の弟かと思われるが、残念ながら血縁関係はない）で、仙台筋弛緩剤事件の弁護団長としても大変な苦労をされている優秀な方である。

　裁判官が裁判の違法を理由とする国家賠償にこれほど消極的で、裁判の領域がいわば治外法権化するのは、理論的には裁判の独立を守るためであるが、実態は、泥棒の罪を泥棒が裁くに等しい仲間内の裁判で、自分もこんなミスをしているのではないか、それで責任を追及されてはかなわないとの自己防衛本能によるのではないか。そこで、第三者の監視が必要である。裁判員制度が刑事の重大事件でのみ導入されたが、本来は裁判官の責任を追及する裁判にこそ導入すべきである。

8 違法行政を行った役人個人だけではなく、行政組織の解体処分を

❶ 行政えん罪の犠牲者は潰される

民間会社の誰かが違法行為をすると、その者だけではなく、会社自身が処分される。会社は破綻の危機に陥ることが少なくない。

2006年に旧中央青山監査法人はカネボウの粉飾決算に関わって、全面的な業務停止命令を受けて、破綻した。悪いことをしていない社員も路頭に迷う。新日本監査法人は、東芝の粉飾決算に関わって、2015年末、3カ月の業務停止処分を受けた。

しかも、行政えん罪の場合でも同じく、破綻する。

たとえば、インターネットによる第1、第2類医薬品販売禁止違憲訴訟を提起した（株）ケンコーコム（第9章1 ❺）は、3年半主力商品の販売を禁止されて、売上げが年間5億円も減少し、経営は非常に厳しくなって楽天の子会社として生き延びた。もう少しで破綻したかも知れない。

国交省自動車交通局は、低額タクシー弾圧の違法行為を行っている（第8章2、3）。

東京都が消費者の虚言を信用して業者を処分し、ホームページに悪徳業者として公表した（前記第1章3）ので、業者の経営は苦境に陥るが、違法を犯した東京都の職員は屁のカッパである。

筆者の処への依頼には、許認可を取り消されたり、不許可となったが、違法だと思われる事案がたくさんある。しかし、経営が苦しく、訴訟に耐えられないと、訴訟を断念することが多い。役所は安心である。違法行政をしつつ、訴訟を起こされると吃驚するくらいである。

このように、会社の方は実は違法行為をしていなくても、裁判所がすぐ救済しないので、潰れかねない。仮に会社の方に違法行為をした者がいても、違法行為をしない者まで職を失う。そこで、会社は内部統制を行って、違法行為をしないようにと徹底するのが普通である。

❷ 役所は潰れないので、自浄作用が働かない

役所は、違法行為をした職員を処分することがあるとしても、組織全体が処分されるわけではない。しかも、組織ぐるみで違法行為を行っていても、その組織が潰されることはない。役所の業務は必要であるし、独占企業だから潰すわけにもいかないと信じられている。民間会社なら、訴訟を起こされただけで、評判が落ち、営業成績が悪化することがあるが、役所にはそんな風評被害の心配はない。

前記の厚労省医薬食品局、国交省自動車交通局も潰れない。厚労省の村木局長をえん罪の苦しみに遭わせた検察も潰れない。長期間勾留した検察と逮捕令状を出し勾留を認めた裁判官も責任を負わない。

そこで、役人は安心して、確信犯で違法行為を行う。組織が腐って、違法行為をしていることが内部では分かっていても、自浄作用が働かない。役所には、内部統制をきちんとするというインセンティブが働かないのである。

これでは、適法に活動した私人が潰され、違法行為を加えた役所が無傷でいるので、不公平・不正義であるし、腐った役所を温存して、再び私人が被害に遭うという不合理が生ずる。

❸ 役所お取りつぶしの解決策

では、どうすればよいか。役所も違法行為をすれば組織が潰れるようになっていれば、みんな道連れになったら大変と、違法行為をしないように相互監視するはずである。したがって、組織的に違法行為をしたり、組織的に腐っている役所は、一旦お取りつぶしにする制度を作るべきである。もちろん独占企業であるから、なくなっては国民が困る。そこで、代わりの役所を作る。ただし、そのとき、これまでの公務員は移行させないで、失職させる。その職員はハローワークに行く（その前提として、公務員にも雇用保険を適用すべきである。今は失業しないはずだと、雇用保険の適用がない）。それは気の毒だなどといってはならない。民間会社は皆そうなっているのであるから。社会保険庁も、日本年金機構に移行した。ある程度の公務員は外された。旧

8 違法行政を行った役人個人だけではなく、行政組織の解体処分を　125

国鉄の改革も、実は働く者の権利だけ主張して働かない労働者を排除するためのいわば偽装解散とも見られるが、その結果、職場は活性化した。

今話題になっているのは教育委員会である。いじめも体罰も組織的に行われ、親権者から抗議があっても、隠蔽していることが多い。

大分県教育委員会では、教員の不正採用がはびこっていた。露見して一部の先生は免職になり、教育委員会の職員も一部は処分されたが、残りは安泰である。そして、不正採用を頼みもしないのに、なぜか点数かさ上げされて合格になったとされる先生までもが採用を取り消された。仮に点数がたりないとしても、それは教育委員会の責めに帰すべきことで、採用された教員には非はなく、その前も後も非常勤ではあるが立派に勤めているのであるから、一旦採用された教員たる地位を奪うだけの公益上の理由はなく、この採用取消しは違法と考える（「教員不正採用を理由とする職権取消しの違法性」自治研究89巻3号〔2013年〕＝『行政法の解釈(3)』）。大分地裁は平成27年2月23日ようやく採用取消しの取消判決を出した。

私見では、腐っていた教育委員会は一旦廃止して、そのときの職員は全て失職させるべきである。荒療治だが、そんなことにはなるまいと高をくくって、組織的に違法行為をしていたのであるから、この程度の厳しい処分をしなければ、自浄作用は期待できない。

前記の通り厚労省医薬食品局、国交省自動車交通局、特捜部なども一旦廃止すべきである。このような組織廃止は、法改正、政令や省令の改正によることになるが、政省令では役人が決めるので、実際上は行わないだろう。

前記3 **2** **3**の鹿児島県志布志事件でも、担当の警察署、鹿児島県警、地検は一旦廃止すべきである。

そこで、腐った役所を廃止する根拠となる法律を作り、個々の役所から独立した審査会を国会（衆参両院の権限とするよりも参議院固有の権限とするほうが適切に任務を分けることができる）にでも設置して、廃止相当の答申がでれば、廃止政令を公布することとすべきである。

みんな免職では気の毒というなら、責任がない職員は新組織に引き継ぐ

が、退職金の減額くらいはすべきである。

　社保庁の場合には、年金をずさんに扱ったのであるから、不明年金対策法の補則にでも、次の規定がほしい。

「社保庁に在職していた者の年金はその在職期間の2分の1を控除して算定する」。

　さらに、「社保庁に在職していた者は、その後政府の各種委員会委員、最高裁判事になることを禁止し、既にそれらの職に就いている者は辞職しなければならない。その功労に基づく叙勲は取り消す」とすべきであった。社保庁の組織の上に立っていた者が他の重要ポストに移ったとか叙勲されたのは、業績を評価されたという建前によるが、その建前が完全にインチキであることが露呈したことを理由とする。

　なお、報道（日経新聞2015年4月14日電子版おすすめコラム）によれば、エカ・ズクラゼ（36歳の女性）氏がグルジアの内務第一次官当時、市民に賄賂をねだることで悪名高かった交通警察の改革に着手、隊員全員をいったん解雇して、透明性の高い公募で採用された要員で構成する新たな組織に衣替えするように決めた、という。私見がすでに実現されている。同氏はその実績を買われ、今ウクライナの汚職対策の最前線に立つ。

❹ 庶民の無過失責任を追及するのは、逆転の不公平

　このように、公務員は違法行為を過失でしても責任を負わず、組織として違法行為をしても組織は潰れないから、みな安泰である。

　この上、役所は民間に対しては無過失責任を追及する。その逆転の不合理はいかばかりか。相談を受けた事例を3件紹介する。

　①　一級建築士がマンションの設計をしたとき、下請けの一級建築士が、設計図面を誤魔化した。それは耐震強度には影響のない範囲であり、しかも、委託した方がもう一度同じ設計をしないと、その誤魔化しが露見しないものであり、当時は誰もそれを発見することができなかったが、それが露見したため元請け会社の一級建築士に対して業務停止処分をするという聴聞の通知

がなされた。そして、無過失責任を追及してはならないという聴聞の席での筆者の主張に対して、地方建設局の聴聞主宰者は理解したような意見書を処分庁＝大臣を提出したが、結局は規定方針通り処分された。

②　A電気が、B工務店に下請けさせ、Cコンクリート（株）に孫請けさせたところ、Bにはその工事の資格がないとして、Aは再発防止の措置をとれとの指示処分を受けた。この照明塔工事はメーカーに製造物責任を負わせるためには県外業者であるCに依頼するしかないが、県内業者を使えとのルールに従って、Bに間に入ってと頼んだものである。AがBの資格を調べなかったのは落ち度ではあるが、一般に建設業者は、契約をするときにいちいちそこまで資格書の提示を求めるという慣行はないし、Bは現実の基礎工事は行わない（その部分はCコンクリートに孫請けさせた）ので、「とび・土工」という建設業の許可を得ていなかったことは、工事の質には影響しない。しかも、県の現場の担当者から、Bに依頼したことは問題ではないという指導を受けていたのである。

A、Bとも、うっかりミスがあったことは認めるが、それは県内業者を使えとのルールを守ろうとしたためであり、このような県の指導もあったことだし、実害を生じたものではない。したがって、その違反は軽微である。

そして、指示処分だけなら、実害はないが、それに続いて工事指名停止処分を受けた。それは県下の市町村も見習うことになっている。これは重大な実害で、そのためA、Bは破綻しそうである。

他方、建設業者が建設業法に基づいて指示処分を受けた時に付いていた教示では国土交通大臣に審査請求せよということであったが、指示処分は自治事務である（建設業法44条の5）から、これに対する不服は行政不服審査法により、県知事に異議申立てをすべきであり、この教示は誤りであった。国土交通省の職員は、それを速やかに県へ伝えればよいのに、自分ではないと時間を無駄にしていた。

このように、公務員は単純ミスをしても責任を負うことなく、民間の方は少々のミスでも破綻する危険にさらされるというのはあまりに不公平ではな

いか。

③　某県から道路工事を請け負ったA社が交通警備をB警備会社に委託したところ、その交通指導員が勤務中酒を飲み、そこにきた借金取りから逃げようとして車を運転し酒気帯び運転で捕まった。そこで、Aが工事指名停止の処分を受けた。指名停止は業務に関する責任を問う制度であるが、警備会社のミスまで責任を負わせるべきではない。警備会社に委託しているのは当然であり、警備会社の社員を24時間監視することは不可能でもあれば無駄であるからである。そこで、交通指導員の飲酒は、道路工事会社の業務中の事件ではないというべきであるが、某県は指名停止にした。指名停止になった会社は5年間評価を著しく下げたので、実際上受注できない。これでは公共工事に大幅に頼っている会社は破綻する。

むしろ、この指名停止の方が違法というべきである。

このような事例では、私人の行為を違法として追及することは誤りである。役所はまずは我が身を反省すべきである。

第6章
組織的腐敗防止の鍵は内部告発者報奨金制度

公益通報者保護法が2004年に成立した。この法律は民間企業などの不正の他、行政組織内部の腐敗にも適用される。中心例は民間企業であるが、行政の不正腐敗対策にも使えるので、ここで取り上げる。現行の制度がどうなっているのか具体例を示す。それは充分機能しているのか。

1 公益通報者保護法の機能不全

1 不正は内部告発で露見

　不正は隠れて行われるものであるから、行政監督や警察の力ではなかなか発見できない。内部の良識者に頼るしかない。これまでも、第1章の冒頭で述べた雪印乳業の牛肉不正買い上げ申請事件（2001年）、三菱自動車のリコール隠し（2000年、2004年）、警察の裏金操作など、内部告発で初めて露見した不正は少なくない。

　しかし、内部告発はそう簡単に行われるものではないため、不正が露見することは珍しく、普通は簡単に露見することなく、長い間続いている。2013年に発覚した食品偽装、2014年に露呈したJR北海道の保守点検記録改ざん・保守点検怠慢、2015年に発覚した東芝の粉飾決算はその適例である。

　そして、内部告発した者は、解雇や左遷など、不遇の地位に陥れられ、さらには、損害賠償訴訟の被告席に座らせられて、塗炭の苦難を味わうことがある。

　最近でも、エステ店「たかの友梨ビューティクリニック」の事件がある（朝日新聞2014年8月28日電子版）。その女性エステティシャン5人が長時間労働の是正や有休の取得を求め、2014年5月にユニオンに加入し、会社と団体交渉

をしてきた。ユニオンの申告を受けた仙台労働基準監督署が8月5日、同社に対し、違法な残業代の減額や制服代の天引きなどの是正を勧告した。

ところが、高野社長は講演の席上、組合に入っている女性を名指しして、組合活動、団交を厳しく非難した。これでは残業代不払いを告発するなど、怖くてなかなかできない。

そこで、不正をもっと早期に摘発し、また、内部告発者の被る不利益を防止・回復することが必要である。その方法として、諸外国では、内部告発者保護制度をおいているところが少なくない。わが国でも、公益通報者保護法が2004年に成立した。

この法律は民間の不正の他、行政の腐敗にも適用される。中心例は民間企業であるが、行政の不正腐敗対策にも使えるので、ここで取り上げる。

❷ 通報者は裁判で勝って元々、雇用主は失うもののない制度

この法律は、内部通報が一定のルールに沿って行われた場合には、解雇されても無効として、現職に復帰できるとしている。いかにも、内部通報者を保護しているかのようである。

しかし、適法な通報にもかかわらず解雇された場合も、裁判で長年闘争して勝訴しないと現職復帰できない。その時間と精神的ロス、膨大な費用を考えると、勝っても元々にはならない。勝訴しても、現実にはいじめられるから、現職復帰は至難である（むしろ、金銭的解決の方が良い）。

これに対して、違法に解雇した雇用主の方は、裁判で負けたら、ああ、そうですかと、現職復帰させて、どこかに左遷してしまう。ほとんど失うものがない。あまりにも不公平である。その後の経緯を見ても、内部通報が活用されているとは言えないのはこうした制度的欠陥のためである。

❸ 保護される場合は極度に限定、内部告発抑制法

しかも、この法律は告発者が保護される場合を極めて限定しており、さらにその基準は不明確であるので、うっかり通報すると解雇されても保護され

1 公益通報者保護法の機能不全 131

ない。むしろ、内部告発抑制法ともいうべきものである。

　まず、労働者の告発が保護対象となるケースとして、もともと、内閣府の原案では、組織内の犯罪行為・法令違反行為が「生じ、または生じるおそれがある」場合とされていたが、最終法案では、「生じ、またはまさに生じようとしている」場合と、より緊急性の高い要件に変更された。その理由は、「『生じるおそれ』では、合理的でない思い込みで告発が多発される懸念がある」との懸念があるとのことであったが、しかし、民主党などは「『まさに』では、計画段階での不正行為を告発できない」「食品の衛生に関しては、告発して役所が調査する頃には、一般消費者への被害が発生している」などと反対したということである。

　保護される告発の対象となる法律としては、刑法、食品衛生法、JAS法（農林物資の規格化及び品質表示の適正化に関する法律）、証券取引法、大気汚染防止法、廃棄物処理法、個人情報保護法の7本だけが明記されている。政治資金規正法や公職選挙法など、政治家の不正を正す法律は入っていないが、内閣府は「当面、国民の生命や消費者の利益の擁護などにかかわる法令を念頭に置いた。法案にも記しているように今後、必要があれば政令で対象法律を追加していく」と答えるにとどまった。

　2004年2月に発生した浅田農産船井農場（京都府）での鶏のインフルエンザ問題は、鶏の大量死を知らせる匿名の通報によって発覚したが、問われたのは家畜伝染病予防法違反である。これは、当時、法案の対象法ではなかったため、告発者は保護されないと指摘された。

　この事案で人の生命に関わると考えて食品衛生法違反で告発したら、これは鶏の生命に関わるにすぎないということで、告発者が懲戒処分されても保護されないのである。これでは法律関係は極めて不明確であって、うっかり告発すれば処分されるヒヤヒヤものである。

　さらに、この法律では、市民団体やマスコミなど組織外部への告発が保護されるには、不正目的ではなく、犯罪・法令違反行為が「まさに生じようとしている」という条件に加え、①組織内や監督権限のある行政機関に通報す

れば解雇など不利益を受けるおそれがある、②組織内への告発では証拠隠滅などのおそれがある、③組織内に告発した日から20日を経過しても、調査する旨の通知がない、などのいずれかに該当することが必要となっている。この要件も極めて厳格かつ不明確である。

　これでは、外部通報はハイリスクですよと、基本的には外部通報はしない方がいいですよといっている法律である。また、組織内や行政機関へ通報することを前提としているのではもみ消される懸念がある。

2 内部告発者報奨金の提案と現行制度設計への批判

■ 内部告発者報奨金の提唱

　私見では、単なる内部告発者保護では足りず、さらに内部告発報奨金を導入すべきだと提案している。不正を告発する場合、その企業にとどまりたいだろうか。それでは腰が据わらない。内部告発で重大な不正が明らかになれば、その企業には辞表をたたきつけて、退職金も全て捨てて1年浪人しても、なおかつお釣りが来るぐらいの報奨金を出す制度を作るべきである。そうすると、内部告発が増えて、企業は、不正を隠し通せないから、不正をやめるだろう。これは、アンネ・フランクを密告するのとは異なり、不正を密告するのだから、本来歓迎されるべきである。不正をしない企業にとっては、不正をする同業者が不当に有利な地位を獲得できないので、公正な競争ができて、有利になる。すでに、独禁法違反について自主減免の制度ができて、日本でも動いているから、日本人の国民性に反するといった反論は成り立たない。

　したがって、報奨金制度に反対するのは、不正をしている企業だけではないか。通報先としては、守秘義務を負う行政機関を原則とするとした。そして、それにはこの法律のように条件を付けることをしない。不正は広いものなので、内部通報優先という発想はしない。

　内部告発者報奨金の財源をどうするか。いったん国が貢献度と退職金を考

慮して、退職金の倍額、最低1,000万円を支給する。次に、国が当該企業に、同額の課徴金支払い命令を発するというのはどうだろうか。

❷ 制度設計の基本視点の誤り

では、なぜこんなピントはずれの制度が立案されたのか。松本恒雄（一橋大学教授）は、国民生活審議会の公益通報者保護制度検討委員長として制度をまとめた立場から（読売新聞2004年4月13日、16～16面の論陣論客）、この制度において企業を良い企業と悪い企業とに分ける。そして最初から悪いことを会社ぐるみでやろうとしている企業に対しては、この法律は無効であるとする。

しかし、そもそも企業ぐるみの悪徳商法対策に対してこそ内部通報が有効なのであるから、無効などといわずに、なぜ、有効な法案を作らないのか。

この法律は悪徳企業ではなくて、きちんと法令を守って長期的には繁栄していくことを目指している企業を念頭に、コンプライアンスを促進するものとして意味があるというようである。しかし、原則として外部に通報させない甘い仕組みで、内部の体制が整備されると期待するのは甘すぎる。通報が許されるかどうかが明確でない制度の下で通報する勇気を持つ労働者は何人もいないはずであるから、企業側からみて公益通報恐るるに足らずということで、結局はヘルプラインを十分に整備するという意欲は湧かないだろう。企業に自ら積極的に法令コンプライアンス体制を作らせるためには、企業が違法行為をやっていると、外部に通報され、破産に瀕する危険があるという制度が不可欠だと考える。

結局は、この法律は、むしろ内部で問題をごまかしても大丈夫ですよというメッセージを与えたに近いのではないか。

問題は違法行為があった場合に、違法行為とバランスが取れた範囲内での不利益に止まらず、社会が過剰に反応し消費者ボイコット運動なども起きて企業が倒産しかねないという事態を、どう考えるかという点にある。しかし、それほどの事態が起きるだろうか。

むしろ、例えば前記の雪印食品などは輸入牛肉を国産と偽って不当に買い上げさせたので、詐欺会社であるから倒産しても止むを得ないだろう。

もちろん、その詐欺は会社の一部が行っただけであり、会社全体が詐欺を行ったわけではないから、たしかに、善良な従業員には気の毒ではある。しかし、末端の従業員の単独行動だったわけではなく、牛肉部門の相当の幹部が関与していたのであるから、やはり企業ぐるみ（組織ぐるみ）の犯罪である。

このような詐欺会社の内部情報が、通報によって外部にどんどん出ることによってはじめて、企業側は中間幹部も末端従業員も、いつなんどき違法行為が露見してしまうかわからないと不安に駆られて、法令コンプライアンスシステム（法令遵守体制）を作るのではないか。そうすると、善良な社員が保護されるのである。

3 消費者委員会公益通報者保護専門調査会報告の不備

同法（2004年）に付された5年後見直し条項に基づいてこの報告が出された（2011年、http://www.cao.go.jp/consumer/history/01/kabusoshiki/koueki/doc/houkoku2.pdf）。改正意見とこのままで良いという意見があって、まとまらなかったという。

また、現行法にはない新たな制度や効果の提案がなされたが、その採用の適否や具体的内容の詳細な検討にまで立ち入れなかったという。私見である報奨金について議論されたかどうかは不明である。何ともいい加減な会議である。

4 行政の腐敗への応用

公益通報者保護法も、このように無力であるから、組織的に腐敗している役所も安泰である。行政の内部の良心や裁判だけでは行政の腐敗を防止するのは困難であるから、思い切って、内部告発報奨金を導入すべきである。前記のように、その額は最低1,000万円以上で、正規職員の退職金の倍額とし、財源は当該組織の勤勉手当とする。不正が激減することは確実である。とた

2 内部告発者報奨金の提案と現行制度設計への批判 | 135

んに予算の使い残しがたくさんでるだろう（参考文献、『内部告発（ホイッスル
ブロウワァー）の法的設計』〔信山社、2003年〕、『やわらか頭の法戦略』）。

第7章

住民訴訟を活性化させよ

住民訴訟は、これまで過大な官官接待、公務員厚遇、入札談合、破たん第三セクターへの無駄な支援、土地の不当な高額購入と不当な廉価売却などを明らかにしてきた。情報公開制度とともに地方行政の適正・透明化に大いに寄与している。しかし、首長の責任が回避されるよう改悪された。

1 改悪された住民訴訟制度は元に戻せ

■ 住民訴訟の意義

　住民訴訟は、地方公共団体の財政上の違法行為を住民誰もが地方公共団体に代わって裁判所で追及できる制度である。会社の取締役の違法行為を追及する株主代表訴訟の自治体版といえる。過大な官官接待、公務員厚遇、入札談合、破たん第三セクターへの無駄な支援、土地の不当な高額購入と不当な廉価売却などを明らかにし、情報公開制度とともに地方行政の適正・透明化に大いに寄与している。

■ 2002（平成14）年改正（改悪）の趣旨

　ところが、首長（知事、市町村長）などの公務員側からすれば、賠償請求訴訟の被告にされると、応訴の準備などで大変になる。議会の議決を経て役所の総意で決めたことでも、個人として弁護士を雇い、勝訴すれば弁護士費用を自治体から償還してもらえるが、敗訴すれば弁護士費用と賠償責任を負担しなければならない不満がある。

　そこで、2002（平成14）年に、これまで個人としての首長や職員を訴えることとなっていたのを2段階にする改正が行われた。第1段階では、機関す

138　第7章　住民訴訟を活性化させよ

なわち首長というポストを被告として責任ある者に請求せよとの訴訟を行う。被告である首長が敗訴した場合は、第2段階においては、代表監査委員が個人としての首長の責任を、当該機関としての首長が個人としての職員の責任を追及する、というものである。

これで、個人としての首長や職員は前記の重荷から解放される。2度訴訟を行うのは、最初の訴訟では個人としての首長や職員を被告としていないので、改めてこれらの者を被告として判決を取らないと、最初の判決も執行できないからである。ただ、第1段階の訴訟で、個人としての首長や職員、第三者企業などに請求せよとの訴訟が提起されたことを通知（訴訟告知）することにより、首長が敗訴したときには個人としての首長・職員、第三者企業には一切反論を許さない。そこで、第2段階の訴訟は簡単に済むはずだという。

③ 2002（平成14）年改正の誤り

しかし、これは実際的にも法理論的にも乱暴な話である。まず、この訴訟では自治体と、被告となる首長や職員との利害は対立する建前であるから、これまでは前者が後者を表だって応援するわけにはいかなかった。ところが、この改正では個人ミスが問題になっている事案でも、首長は被害者である住民の納めた公金と公的組織である職員を堂々と使って、和解に応じず、最高裁まで徹底抗戦することができる。現実にも、首長側は、勝訴の見込みがなくても、堂々と最高裁まで公費で争っている。役所の顧問弁護士は大儲けである。住民は手弁当で社会のために争っているので疲れ果て、訴訟追行を断念する可能性が高まる。首長側の粘り勝ちによる違法行為隠しが起きるのである。

重役に厳しすぎるという意見がある株主代表訴訟でも、こんな改正が提案されることはない。これはこの改正の異常さを示している。

立案者（御用学者）によれば、自治体が被告になれば、自治体所蔵の資料が法廷に提出される利点があるとされるが、自治体側が自己に不利な資料を

1 改悪された住民訴訟制度は元に戻せ | 139

積極的に出すはずはなく、文書提出命令に徹底抗戦するのである。

　住民が勝訴確定したにもかかわらず、代表監査委員が2度目の訴訟を提起しないとき（あるいは談合的に和解したとき）、住民がこれを争う効果的な方法はないので、勝訴判決は空手形になりかねない。

　この改正では、入札談合などで自治体が被った損害を住民訴訟で、談合した業者に直接賠償請求することはできない。住民が、首長に対し、談合した企業に賠償請求せよと求めることになる。首長が自分のことではないので強く否定しないと談合の事実が認められてしまう。談合したとされる企業は、この訴訟の被告ではなく、単に補助参加するだけであるから、十分な主張をすることができないことがある。そして、敗訴した首長から企業に対して賠償請求する第2段階の訴訟では、企業はもはや前の訴訟の結果を否認できない。これでは、入札談合したとされる企業の裁判を受ける権利が阻害される。

　なお、この改正で、首長や職員個人は守られるかと思うと、実は自治体の政権が交代するとその期待は裏切られる可能性があるので、結局は自費でこの裁判に補助参加するしかない。これでは彼らにとっても、期待はずれだろう。

　このように、この改正は、個人ミス事案や入札談合などの抑止的機能を果たし、自治体の財政再建にも貢献していた住民訴訟を、理論的にも実際的にも死に追いやる。行政の正常化が求められる今、こうした法改正は基本的に誤りである。元に戻すべきである。自治体の立場を説明させるには、首長側に補助参加することを認めればすむのである（『住民訴訟の理論と実践──改革の提案』第1章第1節、第2章第2節）。

2 法令コンプライアンスを徹底し責任を追及せよ(神戸市外郭団体人件費補助金支給事件)

■1市長に過失なしとの誤った判決

　かなりの市町村長、知事は現実には自らの地位を守るため恒常的に違法行為をしている。しっかりした法律家の意見を聞けば、やめろといわれるから

聞かない。ところが、裁判所は、大甘で、しばしば違法行為を適法だと勘弁し、違法だとしても、過失はないと、免責する。

　神戸市は外郭団体に市の職員を無給で派遣して、その給与分を補助金として迂回して支払った。筆者は、これは、有給で職員を派遣することができる場合を限定している公益的団体職員派遣法の脱法行為であり、これは分かってやっているのだから故意がある、少なくとも過失があると主張した。しかし、最高裁平成24年4月20日判決（民集66巻6号2583頁）は下記のように、違法であることは簡単に認めたが、市長の過失を否定した。

　まず、本件補助金等の支出は、派遣法の定めに違反する手続的な違法があり、無効であるとした。ここまではまだましである。

　次に、市長の過失につき、検討し、補助金等が派遣職員等の給与に充てられることを禁止する旨の明文の規定はないこと、国会答弁で明確に否定的な見解を述べることはなかったこと、政府の担当者も、この補助金の支出の適否については派遣法の適用関係とは別途に判断される旨の説明をしていたこと、多くの政令指定都市において、同様の補助金が派遣職員等の給与に充てられていたこと、この問題を直接判断した判例はなかったこと等を理由に、過失はなかったとした。

② 市長に巨額の賠償責任は気の毒か？

　これまでも、住民訴訟で首長が高額の賠償を命ぜられることがある（元京都市長は26億円の賠償を課された）のに、前記の最高裁が神戸市長の責任を否定したのは、市長個人に55億円を払えというのは気の毒と思ったためのようである（千葉勝美判事の補足意見参照）。

　しかし、市長は払っても、外郭団体から取り戻せばよいことで、自分で負担する必要があるはずはない。問題は利息であるが、これまでは市長は住民訴訟で負けても、奉加帳を回して職員にカンパさせていた。

　しかも、裁判所は、大和銀行事件（大阪地判平成12年9月20日判時1721号3頁、判タ1047号86頁）では、アメリカの現地採用の職員の不正なのに、重役陣に

約830億円もの支払いを命じたのである。神戸市長にだけ気の毒と考えるのはおかしい。私見では市長が一旦負担して、いい加減に補佐した副市長以下、また賛成議決をした議員に一部負担を求めて求償請求すべきである。

その上、これは公金を私した以上に悪質なのである。神戸市長は、外郭団体に市の職員を派遣する際に、市の業務には従事しないので、給与付きでは派遣できないとなっていることを前提に、人件費分（それも市の給与水準で）を外郭団体に補助金として支給していた。正面からできないことを迂回してやったので、脱法行為であるから違法である。最高裁もここまでは認めた。しかし、それは個人的に公金をポケットに入れたのではなく、市民に役に立っている外郭団体を支援したものだという理解をしている。

❸ 公金ばらまきで市長の地位確保

本当はそうではない。外郭団体は、外部の資本も入り、市自身ではないので、その職員に市の給与を支給することはできない。外郭団体は自らの財源で職員を雇用すべきだし、そのときの給与水準は市のそれではない。おそらくは非常に安くなる（だからこそ、外郭団体を設立する理由があるのである）。

それでは、市の職員を外郭団体に派遣することはできない。市の職員の給与付き派遣を当てにして作られた外郭団体は破綻に瀕する。そうすると、それは市長の失政となる。また、市の職員も余っているから、外郭団体に出せなければ、いずれ人員削減なども必要になる。そうすると、市の職員は市長を支持しなくなる。

市長選挙では、市の職員の支持を受けると、それだけで神戸市では2万票や3万票が動く。前前回の神戸市長選挙では現職が8,000票差で勝った（2013年10月の選挙では5,000票差）ので、職員の支持がなければ落選している。

このように市長は組合を味方にして当選して、市長というポストを得ているのであって、そのために公金を使っているのである。個人の金を出して選挙の時よろしくと言えば買収で捕まるが、普段から公金をばらまいておけば、買収ではない。

これはおよそ民主政治に反することである。本来なら、市民の支持を得られない者が市長になっているのである。したがって、公金をポケットに入れるよりも悪質だというのが私見である。

❹ 法令コンプライアンスを徹底せよ

組織で決定したのに、個人の過失にされてはかなわないと反論されているが、判例で首長の責任が認められた事案では個人の独走が多い。神戸市長は、高裁が市長の責任を認めたとき行政が分かっていないという反発をしていたが、行政や政治は法律の下にあることを理解していない。これを正しく理解すれば、疑問のある案件は、内部統制システムを構築し、違法行為をしないように調査せよと部下に指示すれば（それで足りなければその領域を専門とする学者、弁護士〔町弁ではダメ〕に聞けば）、近隣諸市がどう扱っていようと、総務省が曖昧な言い方をしようと、ことがかつての機関委任事務ではなく自治事務なのであるから、もっと自分で判断するしかないはずである。

そして、直接払えば違法なのであるから、補助金の形で払えば脱法行為であることは明らかで、禁止する規定がないことが言い訳になるのは明白に誤りである。そんな論法を使えば、脱法行為は世の中になくなる。判例が確定していなくても、学説判例を分析すべきである。

そして、裁判所が、派遣法の定めに反する手続的違法というのは、神戸市の見解に誤魔化されている基本的な誤りである。派遣法6条では、給与付き派遣をすることができるのは、派遣先で神戸市の仕事をするような場合で、それ以外は、給与付き派遣はできないのである。したがって、その給与分を補助金として支給するのは、実体的な違法なのである。

このことは法令コンプライアンスシステムを構築すれば当然に違法であることがわかると思われる。法令コンプライアンス体制を構築しないこと自体に重大な過失があるというべきである。

実は、神戸市は、脱法行為で違法であることは分かっていたが、職員を外郭団体に神戸市の給与ベースで派遣しなければ職員の処遇に困るのと、外郭

団体を維持するという政治的な姿勢のためにこの補助金を支出したのである。そうでなければ、神戸市の職員は、脱法行為も分からない愚者ばかりということになる。本来は神戸市長には過失がないどころか、故意があったのである。だからこそ、専門の弁護士、研究者の意見を聞かなかった（少なくとも、聞いたという証拠は裁判では提出されていない）のである。

そして、企業の内部統制といえば、具体的に違法行為を阻止できたかというレベルではなく、リスクに応じた内部の統制システムを構築する義務があり、それを怠れば違法・過失があるとされている（前記大和銀行事件。神戸製鋼事件神戸地裁平成14年4月5日和解、旬刊商事法務1626号〔2002年〕52頁）。これとこの最高裁判決の落差がなぜこんなに大きいのか。

3 住民訴訟における議会の権利放棄議決有効判決の誤り

首長が住民訴訟で敗訴したら個人として巨額の賠償義務を負う。地方公共団体は当該首長に対して賠償請求権を取得するのである。それを議会が放棄して、首長を助けるというウルトラCを前記最高裁平成24年4月20日判決が是認した。選良である議会の裁量であるという。

しかし、住民訴訟は、議会の多数派及びこれに支持されている首長等が悪辣なことをしないようにとする少数派の最後の手段であるのに、司法判断を覆すことを多数派の裁量に任せるのでは、住民訴訟は死んでしまう。そもそも、地方公共団体の権利は住民全体の権利であり、議員はそれを放棄する権限を授権されているわけではない。それに、議員は住民の代理人だから、住民の利益に反することはできないはずなである。最高裁は完全に勘違いしている。瀬木著『ニッポンの裁判』（172頁）は「唖然、呆然の最高裁」という。

それでも、首長に巨額の賠償義務を課すのは気の毒だというなら、重過失でなければ、年収の一定倍率（会社法425条なら6倍）を超える賠償請求権を放棄することは議会の裁量の範囲内に入ると解釈すればよい。違法かつ過失があった首長の責任をすべて免責するのはいかにも行きすぎていて、議会の裁

量の範囲を超えている。議会の放棄議決を期待できる首長はやり放題で、まさに放置国家である。

4 地方自治法の改正案、軽過失免責の誤り

　しかし、最高裁の判断は神の判断である。それを覆すのは法律しかない。地方公共団体は、議会の議決を得る場合でも、債権はできるだけ徴収し、どうしてもやむを得ない場合にかぎり放棄できるという趣旨の規定を置くしかない。少なくとも、免責するのは会社法425条と同じく、軽過失の場合で、年俸の6倍までとすべきである。

　現在（2016年3月）、総務省の地方制度調査会は、権利放棄議決を制限する代わりに、首長の責任について軽過失のときは免責するとの答申をまとめた。国家賠償訴訟で自治体が敗訴したとき、公務員に求償されるのは、故意又は重過失があるときだけで、軽過失の場合公務員の責任がないこととの均衡が理由とされている。しかし、国家賠償訴訟では、自治体に責任が認められれば損害が回復できるから、公務員個人への責任追及を制限しても被害者は困らない。住民訴訟では、首長などが自治体に加えた損害の賠償が求められている。そして、自治体自身が首長に不法行為で請求するときは、過失責任主義である。住民訴訟は住民が自治体に代位するだけで、それ以外は同じである。そして、不法行為で、重過失責任主義を取るのは失火責任法だけであるから、ここで国家賠償法に倣って重過失責任主義を取る理由がない。

　そして、重過失責任主義を取るとすると、多くの案件では重過失はないとされて、ずさんでも責任は追及できない。これでは、自治体では違法行為のやり放題となる。組織的腐敗を助長する。また、住民訴訟を提起しても、重過失はないから、権利放棄で負けるからと、誰も提起せず、住民訴訟は植物人間状態になる。

　そもそも、首長は、法令コンプライアンス体制を作って、違法行為かどうかを専門的に吟味してもらうシステムを公金でつくることができるのである

4 地方自治法の改正案、軽過失免責の誤り　145

から、その判断に従ったときには過失はないだろう。そこで、独自の判断で行ったことについては、軽過失の責任を追及されてもやむなしなのである。ただ、それが無限に広がっては気の毒であるから、会社法並に限定するのが妥当である。

　しかし、地方制度調査会のメンバーには、地方公共団体の首長や議員等、住民訴訟を不倶戴天の敵と思っている者が多くを占め、学者も住民訴訟の実態が分かっている者は限られ、住民訴訟で地方行政の違法是正に寄与している者は呼んで貰えない。まさに、泥棒が刑法を作る仕組みである（『住民訴訟の理論と実践──改革の提案』）。筆者は学者の委員に私見を伝えて、抵抗して貰うように頼んだが、一部を除いて、反論するどころか、ほぼ全員反応せず、総務省の御用学者になっていた。ああ、嘆かわしい。

　なお、権利放棄議決が有効になされた場合、原告敗訴とされるが、そうではなく、原告が勝訴して取り返せる金員を放棄するのであるから、原告勝訴扱いで訴訟費用と弁護士費用を算定すべきである。

第8章

組織的腐敗を乗り越えた勝訴例

これまで裁判で負けた事件ばかり挙げてきた。それを理由に司法を批判するのも不公平であろう。筆者の主張で勝訴した例ばかりでなく、和解ないし事実上和解でそれなりの決着がついたものも多い。判決なり和解で勝訴した最近の主要例を挙げる。

1 これまでの例

　負けた事件ばかり挙げて、司法を批判するのも不公平であり、筆者の主張で勝訴した例も少なくない。これは弁護士になる前は、意見書として裁判所に採用してもらったもので、拙著『行政法の解釈』、『行政法の解釈（２）』（ともに信山社）に多数掲載している。さらに、近く『行政法の解釈（３）、（４）』として出版予定のものとして、松尾事件（第1章11❷）、国立マンション事件（最判平成18年3月30日民集60巻3号948頁、判タ1207号70頁）、36協定の情報公開（「残業・休日労働に関するいわゆる三六協定の情報公開について」自治研究85巻10号、86巻1号（2009年、2010年）、チボリ公園事件（最判平成16年1月15日民集58巻1号156頁）など多数ある。そのほか、和解ないし事実上和解でそれなりの決着がついたものも多い。行政訴訟は「やるだけ無駄」と言われるが、筆者の場合、半分以上は勝っている。判決なり和解で勝訴した最近の主要例を挙げよう。

　第1、第2類医薬品のネット販売（を含む郵便等販売）禁止違憲訴訟については、第9章1❺で述べる。委任立法の点で勝訴した。

148 第8章　組織的腐敗を乗り越えた勝訴例

2 タクシー特措法低運賃タクシー禁止に対する(仮の)差止め

　大阪のワンコインタクシー弾圧を目的とするタクシー特措法に基づいて、運賃値上げ命令が発せられ、これに応じないで低額運賃で運行したいとするワンコインドームの依頼を受けて、この差止訴訟を提起し、仮の差止を求めたところ、大阪地裁民事2部平成26年7月29日決定（裁判長・西田隆裕）、大阪高裁平成27年3月30日決定（裁判長・江口とし子）はこれを認めた。なお、先にMKタクシーが求めた仮の差止めも認められている（大阪地裁民事7部平成26年5月23日決定〔裁判長・田中健治〕、大阪高裁平成27年1月7日決定〔裁判長・中村哲〕、国側の即時抗告を棄却）。

　さらに、本案の差止め判決も下された（大阪地裁平成27年11月20日〔裁判長・西田隆裕〕）。理由は、これまで510円で適法に営業していた原告の運賃を660円の公定幅運賃に引き込むことは裁量濫用というのである。大阪高裁判決が平成28年6月30日に予定されている。

3 タクシーの3倍加重処分取消し

　タクシーを適法に増車したら、増車しないようにという行政指導に従わなかったとして、特別に監査を受けて、違反を発見され、他の業者の違反の3倍の制裁を受けたいわゆる3倍加重処分について、大阪地裁は裁量濫用とした（大阪地判平成24年2月3日判時2160号3頁〔裁判長・山田明〕）。これは福井秀夫教授（「タクシー需給調整措置の法的限界」自治研究87巻9、10号〔2011年〕）と私（『行政法の解釈(3)』所収）が意見書で応援したものである。

　大阪高裁では、私も弁護士として受任して、岩倉良宜弁護士と一緒に頑張り、平成25年4月18日大阪高裁民事8部判決（裁判長・小松一雄）は、一審ワンコインタクシー勝訴判決をそのまま維持した。最高裁第二小法廷は、国側の上告受理申立について（平成25年（行ヒ）第298号）平成26年6月4日に本件を上告審として受理しないと決定した。3倍加重処分の違法が最高裁でも明確

になったのである。

4 公有水面使用協力費支出損害賠償等請求訴訟

　鳴門市競艇事業は2つの漁協に年間1,000万円前後の協力費を支払っていた。それは水面の工事をして漁業に迷惑をかけた年度（平成15年度）なら理解できるが、すでにそのような工事もなく、漁業権もなかったのである。そこで、筆者はこの支払いは違法・無効であり、過失があると主張した。これは徳島地裁平成26年1月31日判決（裁判長・黒田豊）、高松高裁平成27年1月30日判決（裁判長・原司）で認められ、最高裁でも平成28年2月26日に鳴門市の上告が不受理となった。同じ論点で平成25年度の支出を争ったら、徳島地裁平成27年12月11日判決（裁判長・黒田豊）で同様に認められた。しかし、鳴戸市議会は平成28年4月19日、これについて権利放棄議決をした。闘いはまだ続く。

5 火災保険金請求訴訟

　東京海上保険会社相手の火災保険金請求訴訟。ある会社が2カ所の倉庫に商品を置いていたところ、1つの倉庫が放火されて全焼した2週間後に、もう1つの倉庫が放火された。続いて火が出るのは、稀である、経営が苦しいので社長が火を付けたとして、保険金支払いが拒否された。被告のいうのはモラルリスクである。

　しかし、だいぶ前に放火して、保険金詐取に成功したのでまたやってみるかという放火犯＝詐欺犯は世の中にいるが、倉庫が焼失して、失火の可能性もなく、放火だからとして会社関係者が警察に調べられている最中にもう一度放火するのはハイリスクであるから、会社関係者が再度放火するということはおよそ想定しがたい。第三者の放火としか考えようがない。また、経営が苦しいというだけで、放火する者はごく稀のはずである。さもないと、赤

字企業が多い日本は火の海になるはずである。筆者は、被告弁護士の専門的で強力な主張を全て打破して、ほぼ全面勝訴（利子込みで6,000万円）した（山口地裁下関支判平成21年2月18日判時2058号115頁〔裁判官・政岡克俊〕）。

同年7月、広島高裁で、被告の控訴理由を退け、新規の主張は時機に後れた攻撃防御方法として排斥してもらった。1回結審で、裁判所の和解で示された金額（5200万円）に上積みして、ほぼ勝訴的和解（5,500万円）をした。4年越しの大訴訟も片づき、ほっとした。しかし、小さな会社で、資金繰りが苦しく、倒産するところだった。保険会社は、まともな調査もせず、保険金支払いを拒否し、負けたら払えば済む。これこそがモラルリスクではないのか。まことに不公平である。短時間で解決するとともに、不当な支払い拒否に対しては懲罰的な賠償金を課す制度がほしい。

火災保険金請求訴訟、自動車盗難保険金請求訴訟の判例を眺めると、原告勝訴例は極めて少ない。本件は行政事件ではないが、筆者が弁護士登録して最初に依頼されて、頑張って勝訴した例である（ビギナーズラック）ので、大保険会社の専門弁護士にも負けないがんばりだと自分を誉めている。

6 神戸市を被告とする住民訴訟

2件の旅行券、共助組合、退職議員、福祉外郭団体などの訴訟で勝訴した。神戸市が福祉などの名目で公金をばらまいて、集票活動をしていたことを断罪したものである（http://www.eonet.ne.jp/~greatdragon/citizenssuit.html）。『住民訴訟の理論と実践——改革の提案』に収録した。

7 一般廃棄物処理業許可取消勝訴

新規事業者に与えられた一般廃棄物処理業許可について既存業者がその取消しを求めて訴訟提起した。これまでの下級審は、この既存業者の原告適格（争う資格）を否定してきたが、最高裁判決（平成26年1月28日民集68巻1号49

頁）は、「市町村長から一定の区域につき既に一般廃棄物処理業の許可又はその更新を受けている者は、当該区域を対象として他の者に対してされた一般廃棄物処理業の許可処分又は許可更新処分の取消訴訟についてその原告適格を有する」とした。

　適正配置などの需給調整規定が明示的に定められているわけではないが、廃掃法の文言だけではなく、法令の趣旨、目的、その仕組みなどを実質的に解釈し、一般廃棄物処理業は市場原理にゆだねられるべきではなく、事業の継続性、安定性が大事であり、新規許可によって害される既存業者の利益を考慮すべきだと、柔軟に解したものである。私見「競争業者の原告適格(1・2・完)―新たな需要がない状況で第三者に与えられた、一般廃棄物処理業の新規許可に対して、既存処理業者が提起する取消訴訟を例として」（自治研究88巻4、5号〔2012年〕）が参考になっているはずである。

　これから、一般廃棄物を処理する新規業者に対する許可や許可の更新について、既存業者が争うことができることになるので、市町村は、新規許可を出す際には十分に注意しなければならない。

　そして、鹿児島県の離れ島の某町では既存業者一社だけが許可を受けて、一般廃棄物（し尿・浄化槽汚泥）の処理、浄化槽清掃を行っていたところ、町長が第三者に新規許可を与えたので、筆者が既存業者から依頼を受けて、新規許可の取消訴訟を提起した。原告適格についてはもはや争点にはならず、最初から本案審理（許可の違法性の審理）をした。そして、この町では、法令上必要な一般廃棄物処理計画もない上、業務の増加はなく、新規許可すれば、競争により料金が低下するというよりは、既存業者が破綻して、住民に不可欠なサービスが滞る可能性が高いので、この許可は違法であると主張した。被告の町は、ほとんどまともな反論もしなかった。

　そこで、裁判所（裁判長・鎌野真敬）は、被告には新規許可時において一般廃棄物処理計画がなかったことを指摘して結審し、判決言渡日を平成27年2月16日と指定した。そうしたら、被告は、この新規許可を職権で取り消すから、訴えを取り下げてくれといってきた。原告は、これでは再度の許可が

あり得るので、これを拒否したところ、裁判所は処分取消、執行停止を認めて、被告は控訴しなかったので、とりあえず簡単に勝訴した。

8 公立病院の売店明渡し訴訟

某県立病院で行政財産の使用許可を受けて売店を営んで8年目、地方独立行政法人になることでもあり、県から、入札にして、賃料も値上げしたいとして、期限切れだとして、半年前に入札の通告を受けた。

筆者は、売店経営者を代理し、使用許可は、形式上は、1年期限となっているが、無条件で継続更新されてきた。もともと1年期限は採算にも合わず、両当事者も本当の期限とは思っていなかったから形式的なもので、無効であり、半年前の予告ではたりない、値上げなら応ずるが、出る必要はないと頑張った。しかも、これまでも何の問題もなく使用しているのであるから、使用許可の取消しには公益上の理由が必要であり、行政手続法上聴聞がいると主張した。

甲府地裁平成23年3月2日判決（裁判官・岡田紀彦）では、被告側から、1年前、2年前に説明したという趣旨の証拠が出されたとたん、こちらに反論もさせずに直ちに結審し、まともな理由も付けず1年期限は有効だとして明渡判決を下した。

東京高裁でも半年前に出ろと言われたら出られるはずだ、高名な学者がなぜこんな事件をやっているのかと論されたので、準備書面、控訴理由書に丁寧に書いている、上記の通告は撤回されたと、裁判長相手に45分（11時半から12時15分まで、昼の時間に割り込んで）論陣を張ったら、被告側に多少反論するように言ってくれた。その次も又被告側の反論は不十分で、45分も論陣を張った。口頭弁論とは当事者間のやり取りかと思ったら、裁判長相手であった。

そうしたらやっと、裁判長が、次回は10月5日、1年期限の有効性について判断するから、被告側は8月一杯、当方は9月23日までに反論すること

指示された。そこで十分反論したら、被告側は慌てたのか、9月30日になって反論してきたので、10月3日に再反論したら、被告側は10月4日11時半過ぎにさらに反論書を出してきた。私はそれを見ないで上京したので、翌5日の裁判で、それは見ていない、時機に後れた攻撃防御方法だと反論した。

　裁判所からは、和解の勧告。裁判長は、後2～3カ月で出るようにというから、いや違う、それでは不法占拠していたことになる。違法な追い出しだから、和解で出るにしても、2年前に遡って定期借家契約を締結し、適法に借りていたものとして、出るのは年度末（3月末）と主張した。これが通った。裁判長から、学者としても鋭いが、弁護士としても交渉力があるとお褒めを頂いた（2011年10月）。

第9章 どうしたら最高裁の改革はできるか

最高裁がまともな違憲判断をしないことは、マスメディアなどでたびたび指摘されてきた。さらに、最高裁は、法律の不備を不問として、自ら法律を創造したり、勝手な法解釈をする。これでは国会における議論は担保されない〈放置国家〉である。まともな最高裁にするためにどうしたらよいか。

1 まともな違憲判断をしない最高裁

最高裁がまともな違憲判断をしない例は無数にある。現状は一般にもかなり理解されているところではあるが、いくつか例を挙げる。最近は違憲を主張する少数意見も増えているが、なかなか多数意見にならないのが遺憾である。それが大本締めの判断なので、下級審は違憲判断に極度に消極的なのが普通である。

1 国家公務員の政治的行為の制限は本来違憲

国家公務員に関する政治的行為の制限は、国家公務員法102条により人事院規則14-7「政治的行為」に委任されているが、法律自体では政治的目的で、選挙権の行使のほか、政治的行為をしてはならないというだけである。これに対し、地方公務員の場合には地方公務員法36条に具体的に定められている。国家公務員法の規定は白紙委任のようなものであるが、いわゆる猿払事件等における判例（最判昭和33年5月1日刑集12巻7号1272頁、最大判昭和49年11月6日刑集28巻9号393頁、最判昭和56年10月22日刑集35巻7号696頁）は、ほとんど理由を付けることなく、委任の限界をこえないとしている。

しかし、猿払事件は、公務員（郵便局職員）が勤務時間外に職場を利用する

ことなく、公務員としての身分を利用せずに行った政治的行為であり、本当に処罰に値するとは言えないのではないか。同じような政治的行為について地公法では詳しい規定をおいているし、さらに、処罰規定をおいていない。処罰規定をおく国公法が雑ぱくな委任ですますのは、あまりにも不均衡である。したがって、これは、法律で規定しても違憲の疑いが濃いものであり、国会で議論すれば、地公法と同じく、処罰規定を外す可能性もある。それを人事院に白紙委任するのは行きすぎである。裁判所は違憲判決を下して、国会に再考を促すべきではなかったか（なお、大阪市の橋下徹市長〔当時〕は地公法を国公法に合わせよと主張するが、逆ではないかと思う）。

　最高裁は同日付の2つの判決（平成24年12月7日刑集66巻12号1337頁、判時2174号21頁、判タ1385号94頁、刑集66巻12号1722頁、判時2174号32頁、判タ1385号106頁）で、厚労省の公務員が勤務時間外に職務を利用することなく行った特定の政党の機関誌配布行為について、「公務員に対する政治的行為の禁止は、国民としての政治活動の自由に対する必要やむを得ない限度にその範囲が画されるべきものである。このような本法102条1項の文言、趣旨、目的や規制される政治活動の自由の重要性に加え、同項の規定が刑罰法規の構成要件となることを考慮すると、同項にいう『政治的行為』とは、公務員の職務の遂行の政治的中立性を損なうおそれが、観念的なものにとどまらず、現実的に起こり得るものとして実質的に認められるものを指し、同項はそのような行為の類型の具体的な定めを人事院規則に委任したものと解するのが相当である。そして、その委任に基づいて定められた本規則も、このような同項の委任の範囲内において、公務員の職務の遂行の政治的中立性を損なうおそれが実質的に認められる行為の類型を規定したものと解すべきである」とする。これは合憲限定解釈論（あいまいな法律をそのまま適用すれば違憲であるが、核心部分に絞って、合憲とする手法）である。猿払事件の最判からはだいぶ進んだが、国公法の文言から到底読み取ることができない判例による法創造であろうし、この解釈で、委任の範囲が限定されたとも思われない。

　この判決は、管理職は有罪、非管理職は無罪としたが、職務と関係のない

政治的行為は管理職が行っても実質的に政治的中立性を害するとも思われず、無罪説（裁判官・須藤正彦）をとるべきである。

❷ 実の子と親子関係を結べないDNA検査無視は科学の進歩無視

　民法772条1項は、「妻が婚姻中に懐胎した子は、夫の子と推定する」と定め、この推定を破る嫡出否認の訴えは、この出生から1年以内に提起しなければならない（民法777条）とされている。この期間が過ぎてから、夫の子でないことが分かった場合は、夫は今更自分の子ではないと主張できない。逆に、戸籍上の子どもとされた方から、戸籍上の父は父ではないという親子関係不存在を確認することもできない。

　この規定は、子どもとして扱われていたのに、今更他人とされては子どもの法的地位が安定しないという理由による。民法が成立した明治時代は、親子関係を科学的に確定する方法は、似ているとか血液型程度であったから、自分の子ではないというなら、1年以内に主張せよというものであった。しかし、DNA検査で高度の確率で親子関係を判定できる今日、民法は前提を欠く。また、事柄は子どもの幸せを基準に考えるべきであるから、真実の親子関係に即して判断するべきである。

　これについては最高裁に3つの事件が係属して、統一的な判断が求められた。最高裁平成26年7月17日判決（民集68巻6号547頁）は、この制度は、「身分関係の法的安定を保持する上から合理性を有する」として、真の親子関係がなくても、戸籍上の父と親子関係があり、血縁上の父とは親子関係はないとの判断を下した。

　「そして、夫と子との間に生物学上の父子関係が認められないことが科学的証拠により明らかであり、かつ、夫と妻が既に離婚して別居し、子が親権者である妻の下で監護されているという事情があっても、子の身分関係の法的安定を保持する必要が当然になくなるものではないから、上記の事情が存在するからといって、同条による嫡出の推定が及ばなくなるものとはいえ

158 ｜ 第9章　どうしたら最高裁の改革はできるか

ず、親子関係不存在確認の訴えをもって当該父子関係の存否を争うことはできないものと解するのが相当である。このように解すると、法律上の父子関係が生物学上の父子関係と一致しない場合が生ずることになるが、同条及び774条から778条までの規定はこのような不一致が生ずることをも容認しているものと解される」という。

しかし、真実ではない親子関係をなぜ安定させなければならないのか、理解できない。元々夫婦は離婚し、子どもが、母親とともに血縁上の父と一緒に住んでいるのに、その父は法律上の親ではないというのは異常ではないのか。

「法律上の父子関係が生物学上の父子関係と一致しないことを民法が容認している」といっても、科学的判定ができない場合の例外的な話ではないか。

もし、大人になってから、実は父ではなかったとされた場合、父と呼んできたのに法的安定性が害されることもあろう。しかし、それでも、真実が判明した場合には、それに応じた解決が必要である。親子関係はないことを確定の上、これまで親子として扱われてきたことの清算をする方がましだろう。

次に、「もっとも、民法772条2項所定の期間内に妻が出産した子について、妻がその子を懐胎すべき時期に、既に夫婦が事実上の離婚をして夫婦の実態が失われ、又は遠隔地に居住して、夫婦間に性的関係を持つ機会がなかったことが明らかであるなどの事情が存在する場合には、上記子は実質的には同条の推定を受けない嫡出子に当たるということができるから、同法774条以下の規定にかかわらず、親子関係不存在確認の訴えをもって夫と上記子との間の父子関係の存否を争うことができると解するのが相当である（先例引用、省略）。しかしながら、本件においては、母が子どもを懐胎した時期に上記のような事情があったとは認められず、他に本件訴えの適法性を肯定すべき事情も認められない」。

それなら、この制度は憲法違反ではないかと思うと、「民法772条により嫡出の推定を受ける子につき夫がその嫡出子であることを否認するためにはどのような訴訟手続によるべきものとするかは、立法政策に属する事項であ

り、同法777条が嫡出否認の訴えにつき1年の出訴期間を定めたことは、身分関係の法的安定を保持する上から合理性を持つ制度であって、憲法13条に違反するものではなく、また、所論の憲法14条等違反の問題を生ずるものでもないことは、当裁判所大法廷判決（最高裁昭和28年（オ）第389号同30年7月20日大法廷判決・民集9巻9号1122頁）の趣旨に徴して明らかである（先例省略）」（平成26年（オ）第226号事件）というものである。

　しかし、親でないのに親にされる、子でないのに子とされる、その是正方法がないというのがなぜ立法政策なのか。身分関係の安定というものは、真実と、親子関係の愛情よりもなぜ上の制度なのか。半世紀以上も古い判例を持ち出すこと自体最高裁のシーラカンスなりガラパゴス的体質を示している。それに、「民法772条2項所定の期間内に妻が出産した子について、妻がその子を懐胎すべき時期に、既に夫婦が事実上の離婚をして夫婦の実態が失われ」ていなければ、その子は夫婦の子と推定されると判示されているが、その直後に離婚しているのであるから、普通に考えれば、そんなときに性的関係にあるのは次の夫であり、子どもは次の夫の子と推定するのが常識である。実態に合わない民法の推定規定によって当事者を拘束する理由がない。

　これは3:2の判決である。裁判官櫻井龍子、横田尤孝、山浦善樹が多数意見、白木勇、金築誠志が反対意見である。櫻井、山浦判事は補足意見を述べているものの、横田判事は意見を述べていない。こうして1人の判事がキャスティングボートを握るのはいかがか。最高裁判所裁判事務処理規則では、その小法廷の裁判官の意見が2説に分かれ、その説が同数の場合は大法廷で審理するとしているが、同数でなくても、3:2というきわどい場合には大法廷へ移送すべきではないか。また、大法廷で審理するのは、違憲かどうかを判断する場合のうち最高裁の先例がないもの（裁判所法10条1号）とされているが、半世紀も前の先例を墨守すべきではないので、先例があっても、それが最近のものでなければ、大法廷へ移送することと改正すべきである。

　筆者には、この白木、金築判事の少数意見が説得力を持つ。山浦判事は再

160　第9章　どうしたら最高裁の改革はできるか

婚禁止期間では違憲を主張したのに、ここでは多数派なのは残念である。高裁が真実の親子関係を重視したのに最高裁がわざわざ逆転させたので、「こんなものは要らない、最高裁」と言いたいところである。

❸ 再婚禁止期間の不合理

最判平成7年12月5日（判時1563号81頁、判タ906号180頁）は、民法733条の定める、女性だけの6カ月の再婚禁止期間について、「元来の立法趣旨が、父性の推定の重複を回避し、父子関係をめぐる紛争の発生を未然に防ぐことにあると解される以上、国会が民法733条を改廃しないことが」国家賠償法1条1項の適用上、違法の評価を受けるものではないとした。

これは再婚禁止期間の違憲を理由とする国家賠償訴訟なので、国会議員が違憲の法律を改廃しないことに違法があるかが争点となり、国会議員の立法行為の違法を極度（立法の内容が憲法の一義的な文言に違反している場合等）に限定する判例（最判昭和60年11月21日民集39巻7号1512頁）に照らして違法でないとされたものである。

その後、法務大臣の諮問機関である法制審議会は、1996（平成8）年2月、女性の再婚の自由を拡大するという観点から、再婚禁止期間を嫡出推定の重複を回避するのに最低限必要な100日に短縮すべきと答申している。しかし、国会は動かない。

最高裁大法廷平成27年12月16日判決（判タ1421号61頁）は、法制審議会の答申通りに、100日を超える部分についてだけ憲法14条1項、24条2項に違反して違憲との判断を下した。離婚後300日以内に生まれた子は前夫の子と推定し、離婚後6カ月目の再婚後200日以後に生まれた子を後夫の子と推定する制度（民法772条）では、重複するので、離婚後100日を超えたら再婚しても、その後200日で離婚後300日以後となるので、重複がないとしたのである。再婚禁止期間は父性の推定のために意味があるとの前提で些末な修正をしただけである。2016年6月、再婚禁止期間を100日に短縮する民法改正法が成立した。

再婚禁止期間の制度が、上記のような父性の推定の重複を避ける制度であるとすると、DNA検査が発達した今日、無用であり、また現実には、今も述べたように、子どもは前夫の子ではなく後の夫の子であるのが普通であるから、父性の推定制度ももともと無意味・むしろ誤りである。まして、妊娠できない年齢になった女性の場合にはなおさらこの制度の存在理由がない（筆者が予定している小説『老人ホームの恋』に適用すれば一義的に違憲というべきである。弁護士出身の鬼丸、山浦判事の少数意見はこの立場である）。しかも、国家賠償請求は前記の判例通り国会に違法過失がないとして棄却した。

4 夫婦同姓義務付けは合憲か

　日本では夫婦同姓制度を採っている（民法750条）。夫又は妻の氏のいずれでもよいが、そのいずれかとされている。婚姻前の氏を名乗りたい人は、事実婚で過ごすか結婚を断念しなければならない。この制度は個人の尊重（憲法13条）に反するといった違憲の主張に対して、夫婦別姓とすれば家族の一体性がなくなるなどという反対がある。諸外国では夫婦別姓の国が多い。これについても、最高裁大法廷平成27年12月16日（判タ1421号84頁）判決は夫婦同姓が定着している、旧姓を通称として使用で不利益を緩和しているとして合憲とした。10:5の判決である。3人の女性判事は皆違憲派だった。旧姓を正式に名乗れない不利益を蒙っている少数者の声を無視しすぎる。

5 第1、第2類医薬品のネット販売（を含む郵便等販売）禁止 違憲訴訟

　従前、一般用医薬品のインターネット販売は禁止されていなかったが、厚労省は2009（平成21）年、そのうちの第1、第2類について薬局での対面販売を要求し（第3類はネット販売許容）、ネット販売を禁止する省令を公布した。論点は2つある。ネット販売は薬局による対面販売と異なり、説明が不十分で副作用の心配があるとして、禁止することは合憲なのかという憲法論と、当時の薬事法には、対面販売でなければならないという規定がないのに省令

平成25年1月11日ネット販売禁止違憲・違法訴訟で勝訴したとき最高裁前で撮った写真。

でこれを定めるのは、法律の授権の範囲内なのかという委任立法問題である。

一審(東京地判平成22年3月30日判時2096号9頁〔裁判長・岩井伸晃〕)は、副作用が生ずると償うことのできない被害を生ずることを理由に、これまでネット販売の説明不足に起因する副作用は1件も証明されていないのに、合憲とした。薬局やコンビニでは「対面」販売なので、副作用を防止できる、その方が優れているというものである。

しかし、薬局でもそのような丁寧な説明は実際には担保されない上、そもそも優れているもの以外は禁止できるという発想が、憲法上の営業の自由を侵害するのである。ネット販売が社会的に許容できない弊害を生じ、禁止する必要性・合理性があるかどうかが論点である。

そして、もともと、一般用医薬品は、医療用医薬品とは異なり、その効能効果において「人体に対する作用が著しくない」(薬事法25条)ものであるから、副作用があるとしても、当然に事前禁止すべきではない。しかも、ネッ

ト販売に起因する副作用は、厚労省は調査する必要がないとしてまじめに調査せず、現実にはそうした例は報告されていない。説明を受けていない家族が使うこともある。行政法は予防が大事とはいえ、社会的に許容できないような副作用の可能性が極めて低いのであれば、事故があったあとの賠償責任の問題とし、事前に禁止すべきではないのである。

高裁（東京高判平成24年4月26日判タ1381号105頁〔裁判長・三輪和雄〕）はこの私見をほぼ是認したが、結審後判決まで1年もかかった。最高裁（平成25年1月11日民集67巻1号1頁、判時2177号35頁）は、委任立法の点（阿部「違憲審査・法解釈における立法者意思の探求方法—平成18年改正薬事法36条の5、6は省令に「対面」販売を授権しているか」『加藤一郎先生追悼論文集 変動する日本社会と法』〔有斐閣、2011年〕69頁以下、『行政法の解釈（3）（信山社、2016年）所収』）だけを取り上げて、この省令は薬事法の授権がないとした。

その後、平成25年改正（医薬品、医療機器等の品質、有効性及び安全性の確保等に関する法律に名称変更）により、要指導医薬品というカテゴリーを作り（4条5項3号）、ネット販売禁止（対面販売）の根拠が作られた（36条の5、6）

このようになったのは、副作用がないのに、ネット販売禁止は違憲であるという判断（高裁はほぼ認めた）を最高裁が回避したためである。

❻ 下級審への悪影響

今述べたネット販売違憲訴訟でも最高裁は違憲判断を回避した。こんなに憲法論が無駄な国はないのではないか。

低額タクシー禁止違憲訴訟において、筆者らは、運賃競争すれば運転手の待遇が悪化して、事故が増え、消費者の安全を害するという、タクシー特措法の2014年改正法は、風吹けば桶屋が儲かるという論理だから、営業の自由を制限する必要性も合理性もないと主張した。運賃競争している航空業界も、そのために事故が増えているわけではない。競争が激しいからといって、こんなことを主張して、国会まで動かす業界は他にない。事故を防ぐには、事故を起こす会社を厳しく処分すれば良いだけである。そうすれば、どの会

164 第9章 どうしたら最高裁の改革はできるか

社も事故防止に全力を挙げる。事故を起こしやすい運転手は採用しないし、起こせば解雇する。事故を起こしやすい隔日勤務（早朝から夜中まで1日おきに勤務する）は廃止する。また、タクシーの経営が悪化しているなら倒産もあるはずであるが、現実には第一タクシー（株）のように年間18億円（平成27年度）も儲け、社長は億単位の報酬を得ている会社もある。タクシー特措法の立法理由はごまかしなのである。

しかし、裁判所は、前記のように公定幅運賃は狭すぎるとして違法とはしたが、憲法論の判断を回避している。

違憲判断をすれば最高裁でどうなるかわからないので、なるべく違憲判断をしないようにしているのである。これでは違憲の法律がはびこる。憲法の番人とはとうてい言えない。最高裁がもっとまともに違憲判断をすれば、下級審もしっかり頑張るのである。憲法を番しない番犬!!

2 法治国家の原則を無視する最高裁判所

日本は民主的法治国家である。国会が法律でルールを定め、行政機関や裁判所がそれを執行する。したがって、法律のルールは明確でなければならず、国会では条文に即して民主的に議論していなければならない。しかし、最高裁は、法律の不備を不問として、自ら法律を創造したりする。これでは国会における議論は担保されない。放置国家である。例は多数であるが、3つほど挙げる。

■ 混合診療禁止は違憲

厚生労働省は、保険診療と保険外診療（自由診療）を併用することを「混合診療」と称し、これを認めない。がん患者が、保険を使いながら、保険のきかない丸山ワクチンを使いたいというと、そもそも保険は全部使えませんという。これでは、保険の効かない治療を受けることは実際上大部分の人には不可能である。しかし、そのような条文は存在しない。

2 法治国家の原則を無視する最高裁判所　165

国側は、健康保険法86条に定められた保険外併用療養費制度が根拠になると主張した。これは保険外の治療でも、厚労省が定める限られた先進的な診療を受けたとき、「その療養に要した費用について」一部自己負担金を除いた保険給付相当額を病院に支給するものである。国側は「同制度は、保険外の診療を保険診療と併用した場合に保険給付相当額を支払うのは86条に該当する例外に限ることを示したもので、保険外の診療も受ければもともとの保険適用部分も保険外となるのが原則だ」と主張する。その上で、原告の療法は保険外併用療養費制度に該当せず、もともと保険の対象となっていた治療も保険の適用がなくなると述べた。

　しかし、「その療養」という条文を素直に眺めれば、同制度に該当する先進的な治療を受けた際の費用は、保険外診療分も含め全体として保険適用と同じ扱いを受けると読める。逆にいえば、同制度以外の保険外の治療を受けた場合は、保険外の治療だけが保険の適用を受けないだけで、もともと保険の対象の部分まで保険の対象外となるという意味にはならない。

　法治国家・民主国家では、混合診療を禁止したいなら、その旨の条文を正面からおいて、それを国会で議論しなければならないが、そうすると、保険外の診療を受けたとたんに保険内も禁止なのかと議論される。それでは保険料はただ取りなのか、そんな制度の合理性は何かと議論され、国会通過が困難であろう。そこで、厚労省は、曖昧な法律を作って、国会論議を避け、法律が成立した後で、「実は健康保険法は混合診療を禁止している趣旨である」と主張したのである。およそ非民主的、国会権限簒奪である。

　しかも、保険料を払っていれば、保険治療を受けることができるのに、保険外の治療を受けた瞬間に保険治療を受ける権利を奪われるのは、正当な理由のない財産権侵害で、違憲である。また、何が混合診療かも不明確である。実際上は2つの病院で、一方では保険治療、他方では保険外で診療を受ければ、ばれないとも言える。国民の権利を制限・剥奪する以上は、明確なルールが必要なのに、裏街道で制限するので、このような不合理が生ずるのである。そこで、混合診療を禁止する必要があるとしても、明確な法制度が必要

である。

　司法はこれを糾弾し、法制度を作り替えさせるべきである。東京地裁平成19年11月7日判決（判時1996号3頁〔裁判長・定塚誠〕）はこれを認めた。しかし、逆に東京高裁（平成21年9月29日判決、判タ1310号66頁〔裁判長・大谷禎男〕）、最高裁（平成23年10月25日判決、民集65巻7号2923頁、判時2171号11頁）は厚労省にお墨付きを与えてしまった。行政官が後からねつ造した法の趣旨を認めたのである。これでは、法治国家・民主国家における法解釈とはいえない。違憲・違法な法律が残るまさに放置国家である。

　厚労官僚は、内閣法制局や国会、大臣らをいわば騙し、司法のチェックをも免れたことになる。なんともはや頭がよい。

　なお、政策論では、混合診療を認めると、命は平等なのに金持ちだけが有利になる、医者が患者の弱みにつけ込んで、安全性の証明もなく、効かない治療で儲ける、国民皆保険制度が崩壊するなどと反論される。

　しかし、金持ちが混合診療で新しい医薬品の実験台になり、効くとなれば保険適用になるであろうから、大衆の利益になるし、そもそも命が平等なこともありえない。たとえば、金持ちは安全な家に住み安全な車に乗る。壊れそうな家には住まないし、単車や軽には乗らないから、命だけは平等だという議論の前提が誤っている。国家は標準的な安全を保障すれば、それ以上は各人の努力によることとしてもおかしくない。標準的な治療は保険対象であるから、国家は任務を果たしているのである。安全性への危惧、医者のぼろ儲けの点では、混合診療をすることが許される病院を制限して、不当な儲け主義に走っていないかを監視すればすむ。混合診療を認めても、本来の保険診療には影響がない。むしろ、それで効果があるとわかれば本来の保険の対象とすべきである。

　規制改革会議は、全国に数百ある地域医療支援病院などで患者同意であれば認めるべきと提案した。全面解禁の選択療養制度である（日本経済新聞2014年5月27日朝刊1面）。これに対しては医師会などの反対があり、政府は、一部の癌治療など先端医療は全国15カ所の中核病院に限るが、リスクの低

2 法治国家の原則を無視する最高裁判所　167

い治療なら1,000超の医療機関で受けられるようにするとの妥協案を示した。患者申し出療養制度である。ただ、それは患者の治療のためというのではなく、規制緩和、成長戦略の柱（日経2014年6月10日朝刊1面）というのはいかがか。しかも、自己負担は非常に高いようである。

2015年に「持続可能な医療保険制度を構築するための国民健康保険法等の一部を改正する法律」が成立し、「被保険者が、厚生労働省令で定めるところにより、保険医療機関等のうち自己の選定するものから、患者申出療養等を受けたときは、その療養に要した費用について、保険外併用療養費を支給する」ことになった（国民健康保険法36条2項4号、53条、健康保険法63条2項4号、86条）。これは2016年から施行される。

こうして、改革は多少前進しているが、亀の歩みのごとくである。裁判所が、違憲判断をしていれば、早急に合理的な法制度が立案されたのであり、裁判所の立法権・行政権への「遠慮」「自己抑制」＝放置国家が健全な法制度の発展を阻害しているのである。

❷ 租税法における遡及立法も違憲

不動産取引をした後、年度末の納税義務確定前に、租税特別措置法31条の改正法が施行され、長期譲渡所得に係る損益通算を認めないこととされ、その上その施行日より前の年度当初にまで遡及するとされたため、取引時には認められていた損益通算が否定された。

最高裁（平成23年9月22日民集65巻6号2756頁、判時2132号34頁、判タ1359号75頁）は、憲法84条は、課税要件及び租税の賦課徴収の手続が法律で明確に定められるべきことを規定するものであり、これにより課税関係における法的安定が保たれるべき趣旨を含むものと認めつつ（最大判平成18年3月1日民集60巻2号587頁参照）、法律で一旦定められた財産権の内容が事後の法律により変更されることによって法的安定に影響が及び得る場合における当該変更の憲法適合性については、当該財産権の性質、その内容を変更する程度及びこれを変更することによって保護される公益の性質などの諸事情を総合的に

勘案し、その変更が当該財産権に対する合理的な制約として容認されるべき
ものであるかどうかによって判断すべきものであるところという先例（最大
判昭和53年7月12日民集32巻5号946頁）に沿って判断した。

　そして、その適用の始期を遅らせた場合、損益通算による租税負担の軽減
を目的として土地等又は建物等を安価で売却する駆け込み売却が多数行わ
れ、上記立法目的を阻害するおそれがあったため、これを防止する目的によ
るものであり、そのおそれは具体的に存在したことから、この遡及的立法は
具体的な公益上の要請に基づくものであったということができるとする一
方、納税者の納税義務それ自体ではなく、特定の譲渡に係る損失により暦年
終了時に損益通算をして租税負担の軽減を図ることを納税者が期待し得る地
位にとどまるものであると評価して、納税者においては、これによって損益
通算による租税負担の軽減に係る期待に沿った結果を得ることができなくな
るものの、それ以上に一旦成立した納税義務を加重されるなどの不利益を受
けるものではないという、これらの諸事情を総合的に勘案して、この遡及適
用は、納税者の租税法規上の地位に対する合理的な制約として容認されると
した。

　しかし、駆け込み売却を防止したければ、この改正をもっと早くすれば良
かっただけで、そのとき存在した法律を信頼して取引した納税者の利益を害
するにもかかわらず、財務省と国会の怠慢を正当化することは不当である。
禁止されている遡及立法かどうかの基準として、年度末の納税義務確定時と
いう説があるが、取引時の法律を基準として行動している納税者の行動の基
準とはならない。そのときの法律に沿った税法上の地位は単なる期待的な地
位ではなく、法律により与えられた地位である。この判例によれば、納税者
の予測可能性が害され、取引社会の根底を覆すことになる。

　財務省、国会はこの判例で安心して、これからも納税者の予測を害する立
法をするであろう。まさに、放置国家が継続することになる。最高裁は、こ
の種の立法は違憲だとして、これからの立法への正しい指針を出すべきで
あった。

❸ 国旗起立・国歌斉唱強制の違法・違憲性

　国旗・国歌はもともと根拠法がない慣習上のものであった。国旗国歌法（1999年）により法的根拠が与えられたが、国旗掲揚・起立、国歌斉唱を国民に義務付ける規定はない。一世一元の元号表記も、元号法（1979年）により根拠が与えられたが、国民にその使用を義務付ける規定はない。

　そもそも、君が代と元号は、天皇主権と密接不可分であるから、象徴天皇制をとる現行憲法下では、国民への義務規定をおくことは違憲であろう。

　ところが、文部科学省は、学習指導要領に、君が代を斉唱するものとする、国歌掲揚をするものとすると定めた。そこで、東京都教育委員会はこれを根拠に、教員に対し、日の丸掲揚の際に起立して君が代を歌えとの職務命令を発し、従わない先生を懲戒処分している。つまり、その処分の根拠は、学習指導要領と公務員に職務命令への服従義務を定める公務員法である。

　東京地裁平成18年9月21日判決（判時1952号44頁〔裁判長・難波孝一〕）は、学習指導要領は、必要かつ合理的と認められる大綱的な基準に止めるべきものである（これは、いわゆる学テ裁判、最大判昭和51年5月21日刑集30巻5号615頁に従ったもの）とし、学習指導要領の国旗国歌条項は、上記大綱的基準を逸脱し、内容的にも教職員に対し一方的な一定の理論や観念を生徒に教え込むことを強制するようなものであり、教育基本法10条1項所定の不当な支配に該当するものとして、義務を課すことはできないとした。誠に立派である（こういう判事こそ最高裁判事にふさわしい）。

　しかし、最高裁は、公務員は公務員法によりこうした職務命令に従わなければならないと、これを合憲とした（最判平成19年2月7日民集61巻1号291頁）。

　その後も、最高裁は、やや穏やかながら合憲判例を踏襲した（平成23年5月30日民集65巻4号1780頁、平成23年6月6日民集65巻4号1855頁、最判平成23年6月14日民集65巻4号2148頁、判例自治347号15頁）。ただし、比例原則を適用して、戒告までは許されるが、減給・停職は行き過ぎとしている（最判平成24年1月16日判時2147号127頁、判タ1370号80頁、判例自治356号9頁）。

　思うに、そもそも、学習指導要領は法令ではなく、文部科学大臣が学校教

育法や同法施行規則に基づき教育課程の基準として告示の形式で定めるものにすぎず、しかも、君が代斉唱を義務付ける法律上の授権は存在しない。公務員の思想良心の自由を制約し、かつ、国論を分かつ重要事項について、単なる公務員法上の命令権や学習指導要領という、行政限りの判断で強制することは法治主義の原則に反する。少なくとも法律に明確な根拠規定をおくことが不可欠である。さらに、学習指導要領は「ものとする」という書き方で、例外を認めている。この例外を適用しない理由は示されていない。公務員といえども、思想良心の自由は憲法上保障されているので、学校行事に際して、全教員に国歌斉唱・国旗掲揚時起立・音楽教師への国歌ピアノ伴奏を一律に義務付けるのは違法・違憲であると思う。

安部首相は、国公立大学も税金でまかなわれているから、教育基本法の方針に則って、入学式などで国旗掲揚・国歌斉唱をすべきだと述べ、文科省大臣は国立大学の学長が参加する会議で要請することを検討しているという（日本経済新聞2015年4月14日朝刊電子版）。そして、いずれ補助金の査定項目に入れるだろう。

違憲の制度を強行することになる。その責任は、国旗掲揚・国歌斉唱の義務づけを合憲とした最高裁判事にある。

3 最高裁の無理な日本語解釈、合憲限定解釈をするな

❶ 風俗とわいせつは同じ!!

刑法は罪刑法定主義を大原則としている。法の明確性はそこから導かれる原則である。法律が不明確では、何が規制されるのかがわからないので、行動が抑制される（萎縮効果）し、想定外に処罰されるからである。

たとえば、関税定率法21条1項3号（現在4号）は、輸入を禁止すべき物品として、「風俗を害すべき書籍、図画」等と規定する。わいせつ雑誌などを輸入しようとしたら、税関で引っかかるのは、最高裁判事が、風俗とわいせつを同じものと読んでいるからである。

裁判所は、「風俗」という用語そのものの意味内容は、性的風俗、社会的風俗、宗教的風俗等多義にわたり、その文言自体から直ちに一義的に明らかであるといえないがといいつつ、突然、およそ法的規制の対象として「風俗を害すべき書籍、図画」等というときは、性的風俗を害すべきもの、すなわち猥褻な書籍、図画等を意味するものと解することができるのであつて、と言ってしまう（最大判昭和59年12月12日民集38巻12号1308頁判時1139号12頁）。ものすごい飛躍・日本語の読解力である。これは、あいまいな条文も核心部分は生かそうという合憲限定解釈であるが、こうしたあいまいな規定は一旦無効として、条文を作り直させるのが立憲国家の罪刑法定主義にふさわしい。

❷ 青少年保護条例における「淫行」と純愛の区別

　「淫行」とは何か。筆者には、「淫行」つまりは「みだらな性行為」と純愛の区別はわからない。少なくとも、警察官や裁判官にわかるような代物とも思えない。又、その語義も、よくわからない。

　ところが、最高裁判事は、福岡県青少年保護育成条例10条1項の規定にいう「淫行」とは、青少年を誘惑し、威迫し、欺罔し又は困惑させる等その心身の未成熟に乗じた不当な手段により行う性交又は性交類似行為のほか、青少年を単に自己の性的欲望を満足させるための対象として扱っているとしか認められないような性交、又は性交類似行為をいうものと解すべきである（最判昭和60年10月23日刑集39巻6号413頁）と理解した。

　何故このように言葉を言い換えることができるのか。最高裁は目の前の被告人を有罪としたいため、曖昧な文言をいわゆる合憲限定解釈で合憲としてしまうのである。その結果、都道府県議会は安心して、この不明確な条例を改正せず、現場では、純愛が淫行として取り締まられたりしている。まさに、放置国家である。

　筆者が関与した大阪府青少年健全育成条例では、筆者の提案もあって、これを明確にしている。該当条文を抜粋する。

（みだらな性行為及びわいせつな行為の禁止）

第23条　何人も、次に掲げる行為を行つてはならない。

一　青少年に金品その他の財産上の利益、役務若しくは職務を供与し、又はこれらを供与する約束で、当該青少年に対し性行為又はわいせつな行為を行うこと。

二　専ら性的欲望を満足させる目的で、青少年を威迫し、欺き、又は困惑させて、当該青少年に対し性行為又はわいせつな行為を行うこと。

三　性行為又はわいせつな行為を行うことの周旋を受け、青少年に対し当該周旋に係る性行為又はわいせつな行為を行うこと。

四　青少年に売春若しくは刑罰法令に触れる行為を行わせる目的又は青少年にこれらの行為を行わせるおそれのある者に引き渡す目的で、当該青少年に対し性行為又はわいせつな行為を行うこと

最高裁は、本来は、「淫行」を処罰する規定は漠然としているから無効とすべきであった。そうすれば、どこでも、大阪府のように条例を作り直したのである。

4 最高裁が条文を誤読!!

■ 高額不動産売却で随意契約

地方公共団体の取引においては、競争入札が原則であり、随意契約は政令で定める場合に限り許される（地方自治法234条2項）。そして、地方自治法施行令167条の2は、随意契約が許される場合を、

1号、売買、貸借、請負その他の契約の場合には、その予定価格が一定以下である場合と、

2号、①「不動産の買入れ又は借入れ、普通地方公共団体が必要とする物品の製造、修理、加工又は納入に使用させるため必要な物品の売払いその他の契約で②その性質又は目的が競争入札に適しないものをするとき」

としている。

神戸市がコンペ方式により不動産の売却をしたときは、前記の167条の2

4 最高裁が条文を誤読!!　173

第1項第2号の「その他の契約」に当たるという理由を付けた。大阪高裁平成19年（行コ）108号、民事14部平成21年12月24日判決（裁判長・三浦潤）、最高裁（平成21年（行ヒ）143号、第三小法廷平成22年12月21日決定もこれをそのまま認めた。

　しかし、地方自治法施行令167条の2の条文では、不動産の「売買」と「買入れ」という言葉が意識的に区別されている。この1号では、売買である以上は、買入れでも売却でも、競争入札という手間をかけることなく、随意契約が許されるが、それは予定価格が一定額以下（その基準は地方自治法施行令別表第5）に限られている。不動産の買入れの場合、2号を見れば、②の要件を満たせば、予定価格が一定額以下という制約なしに随意契約をすることが許される。しかし、この2号では、不動産の売却は意図的に排除されているのであり、「その他の」に、まさか不動産の買入れの反対の売却まで含むはずはない。この2号で用いられている「売払い」という言葉は、「普通地方公共団体が必要とする物品の製造、修理、加工又は納入に使用させるために必要な物品の売払いその他の契約で」とあるように、これらの契約に限っているので、「その他の契約」には不動産の売却一般は含まれていない。したがって、判例は文理上誤読である。

　実質的に考えても、買う時は、購入する不動産は皆個性があり、普通は特定の不動産に注目するわけであるから、安ければよいというものではなく、価格以外にも種々考慮すべきことがあるし、その所有者と交渉することになるので、競争入札には適していない。しかし、売るときは、高く売れるのに高く売らなければ、自治体の財産を失うのであり、高ければ高いほどよいのであるから、②の適用はないのである。随意契約で安くても売却できるとするためには明文の規定が必要であるが、そのような規定はない。なお、総合評価方式（自治法234条3項但し書き、施行令167条の10の2、167条の13）は、価格その他の条件がもっとも有利なものを落札者とする制度であり、しかも、支出原因契約（自治体が金を払う契約）に限られている。不動産売却のような収入原因契約（自治体に金が入る契約）には適用がない（『最高裁上告不受理事件

の諸相2』〔信山社、2011年〕253頁以下）。

② 国家賠償法4条と消防職員の消火ミス

　国家賠償責任の主観的要件は国賠法1条により公務員の故意・過失（軽過失を含む）である。失火責任法は失火については、故意・重過失についてのみ責任を問い、軽過失については免責する特例規定をおいている。ちょっとした出火で江戸中丸焼けの責任を問うのは酷だという考え方に立つ。

　これは消防職員の消火ミス（消防職員が消火活動をして鎮火したとして立ち去った後に再出火したいわゆる再燃火災）に適用されるか。判例（最判昭和53年7月17日民集32巻5号1000頁）は、①国賠法4条は、同法1条1項が適用される場合においても、民法の規定が補充的に適用されることを明らかにしているところ、失火責任法は民法709条の特則を規定したものであるから、国賠法4条の「民法」に含まれるし、②失火責任法の趣旨にかんがみても、公権力の行使にあたる公務員の失火による国家賠償責任についてのみ同法の適用を排除すべき合理的理由も存しない、という理由で、③公権力の行使にあたる公務員の失火による国家賠償責任については、国賠法4条により失火責任法が適用され、当該公務員に重大な過失があることを要する、という結論を導いている。

　しかし、①の点については、国賠法4条は、「前3条の規定によるの外、民法の規定による」として、民法は補充的に適用されるとしているのであるから、前3条に規定されている要件（過失もこれに含まれる）については国賠法が適用され、民法なり失火責任法で修正する余地はないはずである。民法で修正できるのでは、国家賠償法は何を規定しているのか。②の点については、公務員の消火ミスは、誤って火災を発生させたという意味での失火とは異なり、鎮火させるという職務の執行の不十分さであって、私人には見られないものというべく、失火責任法を適用する地盤はない。それは国民の安全を守るという職務の懈怠である。したがって、③の結論も当然に誤りである（阿部「消防の消火ミス等と失火責任法の適用・国家賠償責任」判評308号〔判時1123

号〕、判評309号〔判時1126号〕)。結局、私見では、消防職員に消火ミスについて過失があるかぎり、市町村の賠償責任が生ずる。

5 最高裁の理由なしの三行半決定、答弁書無視

1 三行半決定

最高裁は法律審であるので、単なる事実認定の誤りは上告理由にはならない。上告できるのは原判決に違憲の瑕疵がある場合だけである（民訴法312条）。そして、法解釈の誤りや先例違反は、上告が権利ではなく、上告受理申立てという形式を取って争う（同318条）。

これに対する答えである最高裁の判決、決定については、判決に理由がいる（民訴法253条）のはもちろん、その規定は、その性質に反しない限り、決定及び命令にも準用される（民訴法122条）ので、決定にも理由が要る。

したがって、高裁の判決に対して、違憲である、重要な法解釈の誤りがあると思って上告・上告受理申立てをすれば、それなりの理由のある判断がなされると期待するが、最高裁は、98％以上の事件では、上告に対しては単なる法令の解釈の問題である、受理申立てに対しては受理すべきものとは認められないという、木で鼻を括ったようないわゆる三行半決定（判決）をするだけである。「不縁につき離縁いたす、よって件のごとし」というかつての離縁状にも「不縁」という理由がついているが、最高裁の決定はそれ未満である。最高裁はこれでも理由が付いていると言うが、これでは行政処分について要求される理由未満であって、最高裁は理由附記の不備の違法を常時犯しているというべきである。何のために高い印紙を貼ったのか。当事者は腹立つこと、はらわたが煮えくりかえるというものである。

2 高裁判事のやり放題を許すな、上告制限を緩めて解釈せよ

弁護士になって吃驚したが、無茶苦茶な高裁判決（第1章1 2）に対して、いかにまっとうな理由を付けて上告しても、三行半の決定が送られてくるだ

けであり、上告制限の壁を越えられないのである。

依頼者は、高裁のやり放題に対して、死刑囚並みに「まだ最高裁がある」として、正義の味方と信じ、高額の印紙代を払って、弁護士は手弁当で上告しても、大部分は裏切られ、司法不信に陥る。

上告にそんなに理由がないのか。逆に、高裁判事はどうせ最高裁で破棄されないからと、気楽に無茶苦茶判決を下しているのではないか。私は、このような現状に警鐘を鳴らすため、濱秀和先生とともに、『最高裁上告不受理事件の諸相Ⅰ、Ⅱ』（信山社）という本を出版した。

最高裁には、このような行政えん罪を救うように、高裁判事のやり放題を厳しくチェックするように、破棄件数を年間200〜300位には増加して、方向を転換されることを期待する。そうすれば、高裁も無茶苦茶判決を下さないように注意するから、上告件数も減り、破棄件数も減るであろう。

3 答弁書無視

さらに、高裁で負けた方が上告・上告受理申立てをして、理由書を提出する。勝った方はそれに理由がないという答弁書を提出する。最高裁で、答弁書の方が正しいと思えば、三行半の決定がなされるのが普通であるが、上告を棄却し、上告受理申立を却下するときでも、たまにはきちんと理由を付ける。

前記インターネットによる第1類、第2類医薬品の販売禁止を定めた厚労省令には法律の授権がないとした最判（平成25年1月11日民集67巻1号1頁、判時2177号35頁〕では、判決文には上告受理申立理由書だけが添付され、私たちの答弁書は添付されていない。それでもこれは勝ったからまだいいようなものである。

しかし、住民訴訟において議会のした権利放棄を有効とした最高裁判決（最判平成24年4月20日民集66巻6号2583頁、判時2168号35頁、判例自治363号34頁）では、高裁で筆者側が勝ったところ、最高裁は、神戸市からの上告受理申立てを容れて、筆者側を敗訴させたが、判決文には筆者の答弁書は添付されていない。これでは、筆者は折角最高裁で論陣を張ったのに、最高裁は、

上告受理申立ての理由だけを見て、筆者の主張を無視したのではないかと疑いたくなる。

　実際、判決文は筆者の答弁書を完全に無視していた（『住民訴訟の理論と実践――改革の提案』第5章第6節）。両当事者の主張を丁寧に分析対比して、きちんとした理由を付けないと、裁判とは言えないのではないか。裁判は闇である。

6 裁判所は、立法・行政の巨悪に挑め

1 違憲審査権、行政処分取消権を行使してこその最高裁

　戦前の大審院判事は、役所の局長級であったが、戦後、最高裁は、違憲立法審査権と行政処分取消権を得て、立法権＝国会と行政権＝内閣級になった。最高裁判事の給与も、内閣総理大臣、大臣級になった。要するに、立法・行政の巨悪に挑むからこそ国会と内閣級なのである。したがって、本来、最高裁は、違憲立法審査権を行使して、杜撰な法律を廃止させ、無茶苦茶な行政を指弾すべきである。

2 権限簒奪

　憲法問題というと、非嫡出子の相続権（最高裁大法廷平成25年9月4日判決、民集67巻6号1320頁で、差別として違憲と判断)、議員定数などだけが話題となるが、前記の一般用医薬品のネット販売禁止などは、ネット販売に副作用がないのだから、当然違憲なのである。混合診療禁止、日の丸起立・君が代斉唱強制も違憲であるのに、最高裁は合憲とする。

　日本では違憲判断が極度に少ないが、それは最高裁が憲法問題に真剣に取り組む姿勢を持たないからである。上告は違憲を理由とする（民訴法312条1項）が、たいていは、法解釈の問題だとして相手にされない。しかし、法解釈も、憲法を踏まえて行うことが必要なのであり、高裁が憲法を無視した法解釈をしている場合には、最高裁は憲法を踏まえた法解釈を示すべきなので

ある。

　行政訴訟でも、役所寄りの中東の笛判決を最高裁が是正したことはどれだけあるのか。筆者の経験では、皆三行半で終わる。

　こんな最高裁判事はその地位にふさわしい仕事をしていない。権力・権限・地位簒奪をしているようなものである。今の最高裁判事は、普通は単に民刑事の裁判をしているだけと評価されるから、役所の局長級に引き下げるべきである（その民事刑事の裁判も、大部分は三行半の門前払いで責任を果たしていないことは前記の通りである）。

３ 調査官判決

　しかも、最高裁判事は、多数の事案を自らきちんと記録を読んで処理しているわけではない。最高裁では、有能とされる調査官（現場の中堅裁判官から最高裁にリクルートされたもの）が事件毎に付き、調査官室での議論を踏まえて（上席調査官の了解まで取って）判決の準備までして報告書を提出する。そこで、十分な準備ができず、すべての分野に通じているわけでもない最高裁判事は、多くの場合その通りというしかない（巷間、調査官判決と言われる）。園部逸夫元判事が、最高裁裁判官には調査官がいますから安心できると発言している（法学教室329号57頁）のはこのことを裏書きする。それなら、最高裁判事の任命方法を変え、調査官適任者を最高裁判事に任ずればよい。ますます、大臣級に扱う理由がない。

　アメリカやドイツでは、調査官は裁判官毎に付くので、調査官の報告を聞いて、自ら他の判事と論争できなければ勤まらない。なお、ドイツの憲法裁判所の裁判官会議には調査官は入らない。裁判官だけで議論するということを、憲法裁判所のキューリンク判事から聞いた。この方法が正当であり、調査官が事件毎に付くのか、裁判官毎に付くのかは、実定法に根拠がないのである（裁判所法57条）から、日本でも裁判官毎に付けるべきである。

　もっとも、これでは、今の最高裁判事にとって任が重すぎるとの反論があるが、だからといって、調査官判決が正当化できるわけではない。最高裁判

事は超多忙になるが、今の15人から30人くらいに増員すればよい（これは憲法事項ではなく、法律改正で済む。憲法79条、裁判所法5条）。

7 最高裁判事は内閣が広く意見を聴いて選べ

■ 最高裁が仲間内から選ぶ最高裁判事

　今日、国家の主要課題である司法改革において肝心なのは、硬直した判例の見直しや杜撰な裁判の改革、憲法違反の法令の大掃除である。これまでの裁判所が批判されているのである。したがって、最高裁判事の選考の考え方を変えなければならない。

　最高裁判事の人選は、建前＝憲法上（憲法97条）は内閣人事であるが、実際上は最高裁長官が自分で、あるいは事務総局の情報を参考にして、政府の意向を非公式に聞いて、これまでの各分野（裁判官＝6、弁護士＝4、行政官＝2、検察官＝2、学者＝1）の縄張り尊重の上で、決めるようである。最高裁判事になっていただけますかという打診も、本来は首相なり官房長官からなすべきであるが、実際には最高裁事務総長からである。最終的には、長官が首相に推薦し、首相がこれを形式的に了承するのである。

　小学生のときから日本国憲法のしくみとして習う三権分立では、内閣が最高裁判事を任命し、最高裁が行政、立法を統制することになっているが、最高裁長官が最高裁判事を選任するこの運用では、最高裁を統制する者はいなくなる。その実態は司法官僚の独立王国＝独善王国（独立と独善は紙一重）になる。

　これでは仲間内人事である。そして、司法と最高裁を改革しようとする者は司法官僚から見れば敵であるから、最高裁判事には推薦されないか、推薦されても任命されない。したがって、最高裁は旧態依然のまま、縮小再生産である。

　小泉内閣が標ぼうした「改革」の実現の鍵を握るのは、結局は人である。しかし、小泉内閣は、行政や立法の改革にしか関心がなく、司法改革は、結

局は改革されるべき司法官僚に任せてしまっていた。まな板の鯉に包丁を持たせたのである。

その後の政権はますますもって司法の窮状改革に関心がない（ディビット・Sロー著・西川伸一訳『日本の最高裁を解剖する』〔現代人文社、2013年参照〕）。

その結果、最高裁判事の任命は、三権の一翼を左右するのに、報道では中央官庁の局長級人事としか扱われず、裁判官としてどれだけの見識と実績があるのかはまったく明らかにされない。国会同意人事として多少は議論される各種行政委員会委員人事、政治課題となった（2008年、2013年）日銀総裁人事とは比較にならない。国民審査も機能しない。

もっとも、最高裁長官は内閣が選んでいる。そこで、自民党政権としては、長官だけ選べば、その他の最高裁判事の人事には介入しないでも、自然と、政権寄りの判事が中心になるように仕向けることができる。司法の独立を尊重する、最高裁判事の人事には介入しないと称して、極めて巧妙に介入しているわけである。また、水面下では、官房長官と最高裁事務総長が相談しているのであろう。公務員の争議行為制限を違憲とした判例を逆転させたいわゆる全農林警職法事件大法廷判決（昭和48年4月25日刑集27巻4号547頁）以来、最高裁は右傾化して、その後石田和外（1968～1973年）、矢口洪一（1985～1990年）などが自民党政治の意向に逆らわないように配慮した人事を行っている。事務総局もそれを受けて下級審判事の人事を動かしている。これが違憲判決がほとんどでず、行政側に甘い判決が続出する主因のようである。

❷ 出世頭ではなく人物本位で能力を評価して決めよ

これではいけない。憲法で定めたように最高裁の長官の他、判事も内閣が実質的に選考するべきである。もっとも、実態は今でもそうなっているのであろうが、それでは、内閣が、自分の政党に有利なように選考するであろう。

それでよいわけはない。人物、見識を検討する裁判官任命諮問委員会で複数の者を比較して、それを公表の上、判断すべきである。政権党は、そうすると権限を失うので、いやがるかもしれないが、司法をきちんと改革するこ

7 最高裁判事は内閣が広く意見を聴いて選べ　181

とは、政党の改革力を示す点で、国民に貢献する。せめて政権交代時に民主党がそれを試みるべきであった。今も野党は最高裁判事の人選を主要な課題として政府に迫るべきである。

その考え方であるが、最高裁は基本的に憲法裁判所であるから（上告理由は原則として憲法問題である、民訴312条、刑訴405条）、憲法に見識のある法曹（行政官、検事は違憲と主張したことがないので、そもそも不適格である）を多数入れるとともに、上告受理理由である重要な法解釈問題について（民訴318条、刑訴406条）見識を証明できる法曹を入れるように、内閣が任命権・指名権（憲法6条2項、79条1項）を行使すべきである。

検事や裁判官の出世頭、弁護士会長・副会長などではなく、現実に第一線の法曹として活躍している者を中心とすべきである。つまり、裁判官の出世頭は、長年地裁所長、高裁長官、事務総局幹部を経ており、裁判をしていないので、ただの行政官であり、そもそも最高裁判事にはふさわしくない。それに、事務総局幹部は、裁判官支配の大本であり、なおさら、公正な裁判をするのには適切とは思われない。弁護士会の会長、副会長等も裁判官としての能力とは何の関係もないポストである。裁判官では地裁、高裁の部長クラスで、まともな違憲判決、行政敗訴判決をたくさん出した者（藤山雅行、難波孝一判事など）、弁護士ではえん罪を救済したり（第5章**7**の阿部泰雄弁護士等）、違憲判決を勝ち取ったり、難しい行政訴訟で勝訴したり、新しい判例となる判決をその理論で勝ち取った者、これらを理論的に支援した学者などがふさわしい。学者枠が少ないどころか、実質無視なのは諸外国と比較しても無茶である。ある最高裁長官は、学者は批判するから嫌いだといったと聞いたことがあるが、専制君主と同じ発想である。それが刑事訴訟も行政訴訟も絶望的、死んでいるといわれる大きな原因である。

もちろん、司法官僚のトップや弁護士会の要職を経て最高裁判事になった者でも立派な判決を出していることは少なくないが、それはそれらのポストとは関係なく、元々優秀だったわけで、筆者の言いたいのは、そうしたポストとは関係なく、人材本位の人事をすべきだということである。

ついでに、年齢でも、今のように60歳前後に任命されて70歳まで最高裁判事で働くのでは、体力的にも無理になるから、55歳くらいまでに任命し、任期10年で再任なしに法改正すべきではないか。

　なお、アメリカなら、上院で公聴会を行うのである。日本のような密室人事はおよそ民主国家にあるまじきことである。参議院を改革するなら、参議院で公聴会を開いて、3分の2の同意で推薦するといったことを工夫すべきである（「憲法問題に学識をもち、かつ通常事件に見識のある最高裁判事選出の方策と裁判官補佐体制（調査官）のあり方」『憲法の規範力』〔信山社、2013年〕）。

3 日弁連がしっかり有能な判事を推薦することが司法改革の鍵

　最高裁には、弁護士枠（今は4人）があり、日弁連が推薦するが、最高裁がその中から選ぶので、最高裁を批判する者はなかなか任命されないらしい。そして、日弁連は最高裁と対決する勇気がないらしく、最高裁に好ましくないと思われそうな弁護士を推薦することは控えているらしい。そこで、弁護士から最高裁に入っても、在野精神が足りない弁護士は少なくない。

　先に述べた（第2章2）ように、田原元最高裁判事の講演を聴いたが、行政法は勉強したことがないので、事件を通じて勉強したが、行政法は勉強しなくても分かるとして、行政法専門家の前で講演した。この判事は一般には大変有能と言われているが、その度胸には驚いた。このように、裁判官の多くは民事法の頭で行政法を考えるから、法律による行政の原理を理解していないのである。その話に出たのは前記の混合診療事件であるが、健康保険法からは、混合診療禁止は読み取るのが難しいので、法律は、病院にも患者にも、混合診療禁止の指示をしているものではなく、国会ではこれについて議論しているものではないことを承知しつつ、合憲としてしまっている。

　しかし、それでは法治国家、民主国家の原則に反するのである。行政法のイロハを知らず、その上、知らないから勉強しなければならないという自覚のない弁護士を最高裁に送ると、こういうことになる。

　学者は一本釣り、行政官は内閣の意向を反映するだろうし、最高裁判事を

7 最高裁判事は内閣が広く意見を聴いて選べ　183

有能な判事に入れ替える力があるのは日弁連だけなのであるから、日弁連は、本当に見識があるのかをしっかり審査した上で最高裁に送り込むべきである。

日弁連内部では、最高裁判事候補者の推薦基準として、①憲法の理念に徹し、広く国民的視野に立ち、高潔な人格を備えた人、②弁護士としての活動及び弁護士会での活動によって培われた市民的感覚と基本的人権並びに司法改革への熱意が具体的に感得される人、③他の分野出身の裁判官に伍して粘り強く説得的議論が展開できる学識、識見と、少数意見を含めてそれを表現できる積極性が見られる人（平成27年4月10日、日本弁護士連合会最高裁判所裁判官推薦諮問委員会）としている。

方向としては一応結構であるが、抽象的であって、具体的には何を言っているのかは分からない。たとえば司法改革への熱意といっても、内容は人によって千差万別である上、最高裁判事は司法改革については発言しないので、意味がない。日弁連での役職経験も考慮されているが、役職に付いても実際に貢献しない者は少なくない。むしろ、実際にきちんとした理論構成のもとに、無罪判決、行政処分違法判決等を勝ち取ったということや、学界でも高く評価される論文や判例について適切な分析をした論文が相当数あることを求めるべきである。

こうして、しっかりした判事が数人でもいれば、他の判事もかなり変わるだろう。これこそが日弁連会長選挙の争点とされるべきである。

もっとも、再婚期間違憲訴訟では弁護士出身の鬼丸、山浦判事だけが違憲論で気を吐いた。日弁連もしっかり推薦するようになっているのだろう。

第10章 裁判手続・窓口の改善

弁護士となってはじめて、裁判所はかなり時代遅れであることがわかってきた。記録コピーの不便さとその代金が高額であること、書類提出期間の異常な短さと理由書提出期限の厳しさ、法廷録音の禁止など数え上げたら切りがない。

1 裁判所、検察庁の窓口の時代遅れ

1 独占企業の利用者無視

世の中、もっとも不親切な窓口は、裁判所、検察庁、領事館である。独占企業で権力を握り、しかも、政治や市民のまとまった批判が届かないからである。市役所なら、独占企業ではあるが、市長が市民の声を気にするので多少はましである。しかし、裁判所長や検事正が市民の声を気にする度合いは少ない。その地位は最高裁や最高検察庁が決めており、市民の声は届かないからである。

2 郵券代の計算の面倒さ

裁判所に訴状を提出するとき、収入印紙の他、郵券が必要である。収入印紙は提訴手数料で、民事訴訟費用等法に規定しているので、全国一律である。ただ、その当て嵌めは結構難しく、書記官に聞かないとわからないことが多いが、まだましである。ただ、収入印紙を訴状に添えて提出しても、領収書はくれない。収入印紙は受け取っていなかったなどとされると面倒である。

裁判所に書類を出すときは、特別送達に要する費用等、郵便切手を予納しなければならないが、その額は裁判所によって異なっており、しかも、判決、

決定文の送達の際には教示されていないし、裁判所のホームページにも必ずしも載っていない（一部の裁判所ではこれを実践している）。裁判所に電話で聞けという。そこで、大急ぎで上訴、即時抗告、特別抗告などをするとき、連休などでは間が休みばかりなら、裁判所に問い合わせる余裕がない。実際上は、切手を入れずに書類を提出し、却下される前に送るという方法はあろうが、二重手間になる。

　なぜ裁判所は、予納すべき郵券を事前に教えてくれないのか。判決文の送付とともに、上訴の場合として、郵券代を教示する文書を添付すべきである。あるいは、少なくとも、全国全ての裁判所のホームページに掲載すべきである。これを大阪高裁に聞いたが、問題意識がわからないようである。本当に民の立場を考えない不親切な役所である。

　しかも、必要となる郵券は、たとえば、神戸地裁で1審の場合、500円7枚、100円7枚、82円5枚、52円5枚、20円5枚、10円5枚、2円5枚、1円5枚の合計5,035円、被告が1名増える毎に2,164円（1,000円・82円を各2枚）ずつ加算となっている。そして、裁判所では切手を売っていないので、郵便局を探さなければならない。大きい裁判所（たとえば、東京地裁、大阪地裁）なら、その中に郵便局があるが、訴えを受け付ける民事受付のそばにはないので、行ったり来たりである。小さい裁判所（たとえば、神戸地裁、高松地裁・高裁）では中には郵便局がないので、外に探しに行かなければならない。そして、郵便局に買いに行くと、郵便局員がこれを1枚1枚数えて用意するのに時間がかかり、更に裁判所の受付に提出すると、これまたゆっくり数えるので時間がかかる。本当に無駄なことをしている。裁判所の職員はそれで給料をもらえるのだからいいだろうが、民にとっては金にならない時間なのである。郵券代、5,000円とか1万円を機械的に予納させ、必要な切手は裁判所が買う方が能率的ではないか。もっとも、最近は現金納付という仕組みでこのようなことが行われるようになったが、何とも時代遅れである。

　裁判所長は、水戸黄門のように変装して、自分で訴えを起こす手続を模擬実験してみたらどうか。自分の地裁ではばれるなら、隣の地裁でやればよい。

1 裁判所、検察庁の窓口の時代遅れ　187

しかも、こうして切手を探して提出するが、受取りはくれない。裁判が終わると、余った切手は返還してくるが、使途の明細はないので、何故これしか返ってこないのか、皆目不明である。

　医師でも医療報酬の明細をくれ、タクシーでも領収書をくれる今日、裁判所はなぜか、運動会なら何周も遅れているシーラカンスだと思う。案外、切手を不法領得している書記官がいるかもしれない。

　このような原稿を用意していたところ、「東京地裁　切手ずさん管理　未使用161万円分返還せず」との報道があった（日本経済新聞2015年7月22日社会面）。私的流用は確認されていないという。最高裁は同日までに、全国の裁判所で同様の事案がないか調査を指示した。約100人の書記官が関わっていた。返還額は1人当たり20～500円とみられる。

　最高裁に相手方が上告・上告受理申立てをしたとき、上告理由書・上告受理理由書を自動的には送ってこない。最高裁に依頼しようと電話したら、弁護士の場合は委任状付きで、本人なら、そのまま依頼すればよいが、送達申請書という書面で依頼する。そして、切手を同封する。切手代はというと、最高裁書記官たるものがこれから重さを量ってくるというので大変な手間暇をかける。お互いの時間単価を計算すると切手代よりも高いはずである。切手は高裁で前納しているが、余った分は返還されているので、改めて送らなければならないのである。それよりも、高裁段階の切手を最高裁が終わるまで（上告がなければその時まで）預かってくれる方が助かる。

③ 検察庁でもコピーの不便

　検察庁も、被害者として、検察官に訴えるときも不親切で、刑事事件の記録のコピーを東京地検に申請したら、返信用切手を貼ってお願いしても、郵送せず、取りに来いという。こちらの事務負担を全く考えていない。

④ 記録コピー代の高額さ

　某地方裁判所で記録を謄写するとき、A4判1枚白黒で50円、カラーで250

円もかかった。裁判所によって多少異なる（神戸地裁は、それぞれ40円、80円というのでまだましである）が、いずれにしてもコンビニや、コピー専門店キンコーズなどと比較すれば4～5倍くらいである。大事な記録だから、持ち出し禁止で、私人にコピー作業をさせるわけにはいかないので、司法協会などに委託し、人を雇っているから高くなるとのことだが、東京弁護士会の図書室のコピー代は、人を雇っているが、A4判1枚20円（第二東京弁護士会では30円）である。それに、白黒なら1枚50円と高くするとしても、カラーだからと、人件費が余分にかかるわけはないので、コピー代が1枚250円にもなるわけはない。

　しかも、申請しても、すぐ記録を持ってきてコピーするわけではない。後日取りに来いという（郵送も可能）。

　弁護士はこれらの費用をすべて依頼者負担としているし、裁判官はやったこともないから、正面から問題とする者が少ないが、筆者はびっくり仰天であった。

2 裁判所書類提出期限の厳しさ

■ 書類提出期間の異常な短かさ

　裁判所への書類提出期限は異常に短い。行政訴訟特有の出訴期間は従前3カ月のところ、6カ月となった(行訴法14条)ので、まだましであるが、それでも、係争中処分が変更され、それに対して訴えを変更しないでいいと思っているうちに6カ月過ぎて訴え却下されるなどの不都合がある。さらに、民事訴訟についていうと（行政訴訟も含めて。刑事事件は別。混同すると弁護過誤）、一審判決を受けて控訴する期限は2週間（民訴法285条の場合）、執行停止申立てが却下された場合など高裁に即時抗告するのは1週間以内（民訴法332条）、高裁判決に対して上告するには2週間以内（民訴法313条）、高裁の決定に対して最高裁に特別抗告、高裁に最高裁への許可抗告を申し立てるには5日以内（民訴法336条2項、民訴法337条6項）である。

2 裁判所書類提出期限の厳しさ｜189

❷ 弁護士は土日祝日も働け、旅行に行くなという無茶

　そして、期間の計算の仕方は、知った日は入れず、その翌日から数える（民法140条。初日不算入）が、土日、祝祭日を入れる（末日が土日祝日であるときだけその翌日の平日が期限末日となる。民訴法95条）し、到達主義（民法97条）なので、年末年始を例とすると、12月14日に判決を受けると、控訴・上告の期限は2週間以内であるから、12月28日（これが平日なら。以下同じ）いっぱいに書面を提出しなければならないが、提出してもどうせ裁判所はお休みである。12月15日から21日までに判決を受けると、1月4日までである。12月22日に判決を受けると、1月5日まである。即時抗告の期間は1週間以内なので、もっと厳しい。

　連休直前、お盆前も同じである。裁判所は休んでいるのに、当事者も弁護士もこの間休めない。しかも、旅行中にこんな決定がでて、事務員が受け取っていれば、事務員に書いてもらわなければならない。無理して書面を出しても、裁判所がすぐ動くわけではない。

　最高裁に特別抗告、高裁に最高裁への抗告許可を申し立てる期限は5日以内なので、12月28日に決定を受けたら、その間平日がないのに、1月4日に書面を提出しなければならない。事務員に頼って、パソコンを使えないガラパゴス弁護士（結構いるようである）は万事休すである。

　書面自体は簡単なので、弁護士だけですむならまだましだが、委任状を取る時間的余裕がきわめて限られている。特に当事者が多数いると、委任状を取るのはほとんど不可能である。あらかじめ取っておくべきだということであろうが、事情はいろいろであり、判決を読んで到底納得いかず、印紙代を払っても頑張る価値があると判断できないと委任状を出せないという当事者も少なくないから、代理人の苦労は並々ならぬものがある。

　そして、それは到達主義なので、郵送の場合余裕を持って送らなければならない。FAXで送ることは許されていない。5日以内の特別抗告などでは、高裁が遠方だと、速達でも3日目には送らなければならない。なお、最高裁への抗告、上告でも、書類の提出先は最高裁ではなく、当該高裁である。こ

れを勘違いして、最高裁に書類を送ると、時間切れである。高裁も、沖縄の住民が福岡高裁に提出するなど、遠方で不便なことが多い。

　郵便配達の誤配があったり、台風・大雪、本人だけではなく家族の病気等の場合郵便局に行くのも困難であり、無理して行っても郵便が遅延したりして、期限に間に合わないし、住所記載の誤記などで間に合わないこともある。期限後も相当の理由があれば数日は許容すべきではないか。取引の場合と異なり、少々遅れても裁判所も困らないのであるから、少なくとも発信主義に変えるべきである(発信主義の例、行政不服審査法14条4項に倣うべきである)し、とりあえずFAXで送れば、正式の書面の到達は数日後でもよいことにすべきではないか。

　なお、筆者は、移送に関する即時抗告事件で、高裁が12月16日に決定し、17日夕方に発送すると教えられた。18日に受け取ると、23日いっぱいに最高裁に特別抗告・大阪高裁に許可抗告を申し立てなければならない。筆者は不在で、21日に受け取れる可能性があるが、そうすると、26日いっぱいが期限である。受け取りを22日までに引き延ばせば、27日が期限だが、2014年は、土曜日なので年明け1月5日が期限である。そこで、受け取りを22日にすることとした。しかも、特別送達で配達されれば負けであるので、不在配達のお知らせがあれば受け取りを22日に延期するが、勝てば普通郵便で送るというので、安心して開封できるということである（結果は普通郵便、勝訴であった）。

3 異議申立期間３日の刑事事件の酷

　もっとも厳しい例は、最高裁の刑事事件で上告棄却を受けた場合である。これに対して、異議申立てできる制度が判例上創設されたが、その期間は3日である（刑訴法428条、422条の準用）。しかも、被告人本人へ送達されたときから起算する（最大決昭和30年2月23日刑集9巻2号372頁、判時45号3頁）ので、弁護士に書面が来たときは早くてすでに3日目で、弁護士は常に暇で待っていなければ間に合わない。その上、書面は、到達主義で、FAX送信では認め

られず、3日目には最高裁に持参又は郵送しなければならない（上告人には在監者の特例がある〔刑訴法366条〕ので、3日目に刑事施設の長に提出すれば期間を守ったことになるが、弁護士にはその特例がない）ので、地方の弁護士は絶対に間に合わせることができない。

しかも、その異議申立てが認められたことはまずないと言われているが、被告人は藁をもつかむ気持ちで弁護士に至急やってくれと言ってくる。これに応じないと懲戒請求されかねない（そんな懲戒請求は通らないが、相手にするだけでも大変である）。裁判官はこんな判例を作るとき弁護士の立場を思い浮かべていたのだろうか。法律に基づかず、弁護士に苦労だけさせ、意味のないこの判例は変更すべきである。

４ 理由書提出期限の厳しさ

その次に、理由書提出の期限がある。民事事件で、控訴の場合には、控訴提起後50日間とされている（民訴規則182条）が、50日を過ぎても却下するという規定がないので、遅れても、ある程度は大丈夫である（難事件なら高裁と相談して延期してもらえるが、それでも厳しく指定されることが少なくない）。

しかし、上告の場合には、上告の時からではなく上告提起通知書の送達を受けた日から50日である（民訴規則194条、199条2項）が、これをちょっとでも遅れたら却下される。さらに、高裁で決定を受け最高裁に特別抗告、抗告許可を申し立てた場合の理由書の提出期限は2週間である（民訴規則207条）。

高裁の決定をひっくり返そうとするのだし、最高裁では滅多に認容されないのであるから、2週間、他の仕事を放置して全力で頑張らなければならないが、そんな余裕があるわけもなく、またそうしても、間に合うかどうかわからない。しかも、連休、お盆、正月などの前に高裁が決定した場合には、これらの休み中も依頼者と相談し、事務員なしで、書面をつくらなければならない。弁護士には盆も正月もない。海外旅行を予定してもキャンセルしなければならない。

第1類、第2類医薬品をネット販売できる地位確認の仮処分は、高裁の却

下決定が平成24年7月25日（判時2182号49頁）、超多忙で、他の仕事を放り出して、頑張ったが、最高裁は、結局返事をくれず、本案で25年1月11日勝訴させてもらったから良いようなものの、仮処分事件は終了という返事が来た。何のためにこんなに急がせるのか。

　相手の地位の安定という要請があるとはいえ、これはいくら何でも無茶である。前記のように短い期間については、延長するか、少なくとも土日祝日を除く、発信主義とすると決めるべきである。あるいは、1日あたり1万円などの遅延料を払うことで済ませるべきである。

5 提出先のわかりにくさ

　地裁の判決に対して控訴するとき、控訴状は○○高等裁判所御中になるが、提出先は原審の地裁の事件受付係である。高裁の判決に対する上告状・上告受理申立書の提出先は原審の高裁である（民訴法286条1項、314条1項）。これを間違えて控訴状を高裁に、上告状を最高裁に提出すると、期限遅れになってしまう。このようなものはいくら法律に明記していようと勘違いしやすいものであるし、行政処分に対しては不服申立て・訴訟の提起の仕方について教示がある（行訴法46条、行審法82条）のであるから、裁判所も教示するようにすべきではないか。

6 法律の現場を知らない法律家の立法

　なお、こうした短期の期間を定める民事訴訟法を作ったのは法律家であるが、かれらは偉そうな立場にいて、実際にこのように現場の弁護士として苦労していないので、期間がもたらす原告弁護士と当事者の苦労を理解していないのであろう。欠陥立法者である。民事訴訟法学者もどれだけ分かっているのだろうか。弁護士会がこの改正運動をすべきである（「期間制限の不合理性――法の利用者の立場を無視した制度の改善を」『小島武司先生古稀祝賀　民事司法の法理と政策　下巻』〔商事法務、2008年〕1 ～ 45頁）。

3 裁判所の杜撰な審理、裁判遅延、電話会議

◾1 被告 (行政) の引き延ばし作戦を裁判所が容認

　日本の裁判は遅い。その原因は種々あるが、行政訴訟に関する限り、裁判所が被告行政庁の引き延ばし作戦に応じてのんびり審理していることが主因である。その結果、弁護士の負担が重く、弁護士費用が高くなり、庶民を裁判所から遠ざける結果になる。

　筆者が主に受任している行政関連事件であると、被告の行政側は、訴訟を迅速に審理してもらって解決するインセンティブがない。重大な違法行為をしていると指摘されているのであるから、迅速に反論すべきところ、負けるとしても先延ばしがよいと考えるらしいし、時間をかけても、役所は潰れないが、原告は潰れる（第2章1）。少なくとも原告が疲れ果て、降りることを期待する。

　そこで、役所側は、第1回は、まともに反論しないのが普通である。ひどい場合には、請求を棄却するとの答弁書を出して欠席する。原告はわざわざ遠くの裁判所まで出張旅費・日当を払って弁護士に出てもらっても、訴状を陳述しますという儀式で終わる。無駄で負担の重い手続である。

　次回以降も、書面も小刻みに、かつ曖昧なものを出し、次回は少なくとも2カ月先、書面は内部で稟議にかけ決裁がいるから時間がかかると称する。これが役所の訴訟戦術なのである。裁判所は、役所のその言い分を認める。その間、原告は重大な不利益を受けて日々損害を累積させ、倒産の一里塚を歩んでいるのに、無視されている。

　そこで、訴状において、第1回期日に、被告に十分に反論するように指示してほしいと申し立てても、裁判所は、希望を伝えておきますという程度で、実際には守られないのが普通である。

◾2 役所はただちに反論せよ

　被告は、役所として専門的に判断したはずであるから、訴訟になってから、自分のしたことへの反論に半年もかかるはずはない。国会質問は前日に質問書を渡されても翌日は答えなければならない。国会議員が国会法74条に基

づいて行う質問に対して、内閣は原則として7日以内に返事しなければならない（国会法75条）のである。訴訟だからといってそんなに返事に時間がかかるわけがない。本来一週間で反論すべきである。筆者が法廷でこのように主張しても、裁判所が被告に甘いのでだめなのである。実は、被告は、裁判所を騙すか、原告を混乱させる戦略と屁理屈をねつ造するのに時間がかかっているのである。

❸ 法廷の退屈さ、電話会議の制約

　しかも、裁判所に行っても、提出書面を確認して、「陳述します」というだけ。傍聴席は退屈して、この次から来る気が起きない。

　それなら電話会議にすればすむのではないかと思うが、それは公開法廷ではだめ、弁論準備手続に限る（民事訴訟法170条3項）。そして、弁論準備手続は、第一回目と最終期日には適用がないので、第一回目、被告が欠席することが分かっているか、単に書面提出は次回でというだけでも、原告は出廷しなければならないのが原則である（民事訴訟法158条により訴状陳述扱いにしてもらう途はあるが、裁判所がそれに応じてくれるとは限らない）し、最後はすでに論争が終わって、これで結審しますという宣言を聞くだけのために出廷しなければならない。弁論準備手続でも、一方は出席しなければならないので、双方が電話というわけにも行かない。近くの裁判所ならともかく、遠方の裁判所に行くのは一日がかりであり、無駄である。ただし、例外として書面による準備手続（民訴法175条以下）があるが、滅多に使われない。

　弁護士も費用を頂かなければ事務所が倒産する。事務所維持費（最低でも年間1,000万、1日5万円）を含めて出張旅費と日当を頂かなければならない。裁判に金がかかる、弁護士費用は高いと言われているが、実は弁護士のポケットに入るのではないのである。

　本当に口頭で議論するのでなければ、全部電話会議にすべきである。裁判公開の原則（憲法82条1項）という形式のために当事者に重い負担を課すべきではない。それでも秘密裏に裁判が終わっているわけではないので、裁判公開の原則に反しないと解釈すべきである。

❹ 重い記録を運ぶ弁護士の苦痛

　法廷では、通常は提出書面を確認し、証拠の原本があるときは、原本との照合という儀式を行うだけである。しかし、たまに裁判長が質問する。それが細かく、どの証拠のどの部分といった質問でも、その場で答えなければならないので、弁護士は膨大な記録を運搬せざるをえない。特に高裁になれば記録が膨大であり、飛行機に乗せるのでも、重量オーバーである。

　裁判官には分からないだろうし、被告行政側の代理人は近くに事務所を持っているのが普通であるが、原告代理人は全国を走り回っているので（筆者なら、神戸から東京に行って、そのまま鹿児島に行くなど、2カ所回るときはなおさら）、大変なのである。荷物の運搬という重労働代も、弁護士報酬に含まれるのである。

　裁判所は、事前に書面で釈明すべきである。あるいは、訴訟記録をその場で見せるべきである。そうすれば、原告代理人の負担もかなり軽減される。

❺ 時機に後れた攻撃防御方法の機能不全

　その上、訴訟の最後になって、被告は、新しい証拠があるからもう一回などと申し出ることが多い。被告側の補助参加人も、高裁になって初めて参加して、被告行政庁が出せたはずの証拠を出すから、もう一回等と言う。それは遅い、今更だ、結審を遅らせると主張して、時機に後れた攻撃防御方法だから却下せよと申し出ても（民事訴訟法157条）、滅多に認められない（筆者は第8章❺で述べた保険金請求訴訟高裁で1回認めてもらっただけ）。民事訴訟法の計画審理の規定（147条の2以下）はほとんど死んでいる。ところが、その証拠は少しも新しくなく、前に同種の事件の別件で提出されたものだったりする。それにもかかわらず、原告には出訴期間徒過を厳しく判定する。

❻ あるべき姿

　したがって、裁判所は訴状を見て、被告に第1回前にきちんとした反論を求め、そこで、争点を整理して、第2回には双方に争点について主張立証させ、3回くらいに終わるのを原則とすべきであるし、被告は、前記のように

国会質問なら翌日、質問趣意書が出れば、7日以内に返事しなければならないのであるから、裁判でも同じように、1週間以内に、少なくともすみやかに返答せよと、事前に書面で指示すべきである。時機に後れた攻撃防御方法はもっと厳格に運用すべきである。

このように審理を適切に進めれば、弁護士費用も安くなるし、裁判所も利用しやすくなる。弁護士の敷居が高いと言われているが、敷居が高いのは、裁判所のせいなのである。

7 民事訴訟法はほぼ死んでいる

民事訴訟法は、裁判は両当事者から提出された証拠にのみ基づく弁論主義（弁論大会とは異なる。裁判所が職権で証拠を探してはならないこと）、証拠を恣意的に評価しない自由心証主義、当事者の主張に不明な点があれば聞き質す釈明義務、公正な裁判を行う義務などを定めているが、上記のように、その違反は頻繁である。そして、これに対して、控訴しても、高裁は、一審の違法を無視して新たに審理するので、一審は違法裁判をいくらやっても咎められない。高裁で、同じく杜撰な審理がなされても、事実認定の誤謬は上告受理理由にならないし、法解釈の誤りでも、よほどでないと上告を受理する重要な法解釈にはならないという扱いである。したがって、これらに関する民事訴訟法は、実際には死んでいる。有名な刑事訴訟法学者の平野龍一は、刑事訴訟法は「かなり絶望的」と述べたが、民事訴訟法よ、おまえもか、というようなものである。民訴法は、せいぜい良識ある裁判官に努力義務を課している訓示規定（義務規定ではない）程度にとどまる。

4 口頭弁論を活かせ、テープを取らせよ

1 形骸化した口頭主義

日本の民事訴訟は、提出書類の確認、ほんの少し、裁判長からの質問（釈明）、次回期日の調整だけである。傍聴席では何をしているかわからないので、傍聴する気がおきなくなる。住民が大勢傍聴する事件では、弁護団は裁

判の後で解説会を開く。この程度なら、口頭弁論など必要はない。遠方から
わざわざ出廷するのは無駄であり、書面審理主義にすべきである。裁判官か
らの釈明は、書面で丁寧に行うべきである。

❷ 本来は口頭で丁々発止とやるべし

　しかし、本来は、裁判所で論争すべきである。書面がある程度でたところ
で、当事者が論点毎にそれぞれ論争するのである。裁判官は、書面がでてい
るので、口頭の話は聞く必要がないという言い分であるが、判決文を見ると、
膨大な記録に埋没して、事件の筋を理解しない判決を受けることがしばしば
である。口頭でやり取りすれば、論点がより明確になり、いずれの主張が間
違いであるかが分かってくる。

　日本の弁護士は口頭弁論に慣れていないという説も聞くが、しかし、証人
尋問の場合にはその場の即決のやり取りである。同様のことは何であれでき
るはずである。

❸ 録音禁止

　口頭弁論をまともにすると、そのやり取りをきちんと記録する必要があ
る。しかし、日本の裁判所はテープを取らせないので、正確なメモは取れな
い。法廷の入口には、録音禁止、録音すると弁護士は懲戒処分を受けるとい
う脅しの掲示がある。

❹ 法廷メモ禁止のレペタ訴訟

　それどころか、かつて傍聴人には法廷メモ禁止であった。それをアメリカ
人の弁護士レペタ氏が最高裁まで争って、メモが許されることになった（最
大判平成元年3月8日民集43巻2号89頁）。元々、メモ禁止の理由は、「公正かつ
円滑な訴訟の運営」であるが、傍聴人のメモ採取行為が訴訟の運営を妨げる
ことは通常はありえないのであって、これを「傍聴人の自由に任せるべきで
あり」と判断された。日本人が誰も争わず、高裁までは、メモ禁止を維持し
ていたのは、誠に恥ずかしいことである。

5 録音禁止の本音

では、録音はどうか。書類の交換程度であれば、裁判長がぼそぼそ言っ
てもメモは取れるので、録音までは必要がない。しかし、まともな口頭弁論を
するのであれば、メモは取りきれないので、録音が必要である。弁護団で、
メモを取っても後で照らし合わせると、裁判長の発言がどうであったか、正
確にメモを取れずに困ってしまうことがある。そして、前はこういう訴訟指
揮だったと主張しても、裁判長はそんなことはいっていないということが
あった。それなら録音を許可してほしいというと、それなら話さないという。

6 45分もの論争を思い出すのは至難のわざ（筆者の経験）

ある事件（第8章8）で、裁判長と45分も口頭弁論して、次回、それを踏ま
えて書面を作るのは大変だから、録音させてほしいと頼んだら、ダメという。
録音するなら自分は話さないという。そして、2回の口頭弁論の結果を踏ま
えた筆者の書面は、メモを取らなくても正確だから、録音は不要だと、変な
お褒めにあずかった。しかし、小生はそのとき一人で弁論したので、メモ係
はいないし、45分もの論争を思い出すのは至難である。

この裁判長は、たくさんの書物、論文もある学者肌で、有名な判事である
ので、堂堂と発言しているのかと思ったが、録音されると話できなくなると
いうので、やはり、案外気の弱い官僚だという気がした。

7 録音禁止の根拠なし

法廷メモ訴訟の判決を見ると、基準は公正かつ円滑な訴訟の運営であるが、録音
機を胸元に忍ばせているだけで、訴訟の運営が阻害されることはありえない。正確な
録音のもとで裁判長に主張することは、公正かつ円滑な訴訟の運営に寄与することで
はあれ、それを妨げることはない。むしろ、不正確なメモに基づいて裁判長にこうだっ
たではないかなどと主張して法廷が混乱する方が悪いのではないか。録音されると、
話しにくいなどということは、とても、独立した裁判官が言うべきことではないと思われる。

このように、録音を許すべきである。第2のレペタ訴訟が起きて、裁判所
が敗訴する前に対応すべきではないか。

4 口頭弁論を活かせ、テープを取らせよ　199

第11章 司法改革、弁護士と その周辺

裁判所が組織的に腐敗するのは官僚社会で、出世しか関心がなくなる者が多いからである。弁護士から裁判官を採用する法曹一元にすれば、官僚的腐敗が減るはずだ。最後に、法曹人口問題、法曹養成問題など司法改革について考える。

1 どこへ行く司法改革

1 司法改革の失敗

　司法、弁護士の敷居が高いため、司法に来るべき事件の2割しか来ない現状を是正して、国民に司法の光をあまねく享受してもらえるよう、法曹増大を中心とする司法改革が行われ、その育成策として、法科大学院が設立された。爾来10年。弁護士ゼロワン地域はなくなり、法テラスもできて、多少は庶民の利便に貢献している。しかし、弁護士の業務は増えず、弁護士各人の収入は激減、法曹の魅力は雲散霧消して、法曹志願者も激減、優秀な人材を吸引する魅力もなくなった。裁判もそれほど良くなったとは思われない。裁判官の数はいくらも増えず、支部、簡裁が充実されたわけでもない。司法改革は大失敗である。司法改革に関与した法曹と学者は坊主になるべきである。

2 裁判官の増員こそが鍵

　どうすべきか。司法改革と称して、弁護士増員だけが先行したのが間違いである。裁判所の基盤の強化こそが肝心であった。裁判官を激増すべきである。そうすれば、全国の支部も簡裁も強化される。簡裁の裁判官は法曹資格

を有しない者も少なくないが、弁護士から登用すれば、内容も充実する。身近なところで、充実した裁判や調停が行われる。審理の期間も短縮される。そうすれば、弁護士への依頼が増える。

弁護士会は、弁護士需要が激減したことを前提に、司法試験合格者を1,000人程度に抑えよとばかり主張しているが、的外れである。

その前提は、裁判官の増員を主張しても、最高裁が応じないということにある。どの組織も、組織の拡大を求める（パーキンソンの法則）ものであるが、最高裁だけは違うのである。なぜか。これは先に第4章1■で述べた。

しかし、裁判官の増員を決めるのは最高裁ではなく、国民、国会である。弁護士会は最高裁と毅然と対決し、国民に説明し、意見書を出すだけではなく、国会にロビー活動をすべきである。一票の格差問題で巨費を投じて新聞広告をする弁護士グループもある。それと同じくらいの努力は必要である。

裁判官増員の費用がかかっても、それよりも、国民への司法サービスが向上する方に遙かに大きいメリットがある。

❸ 法曹一元へ、司法研修所廃止

裁判所が組織的に腐敗するのは、司法修習生から最高裁判事までの官僚社会で、出世しか関心がなくなる者が多いからである。弁護士から中堅裁判官を採用する法曹一元にすれば、官僚的腐敗が減るはずである。法曹一元も裁判所の抵抗で実現しないが、日弁連自身も、それを助長している。

日弁連は司法修習生の給与が貸与制にされたことに反対し、給付制の復活を重要な課題としている。たしかに、司法修習を義務とする現行制度を前提とすれば、バイトをこれまでと異なって許容しても、全国に散らばって修習するのであるから、割の良いバイトが簡単に見つかるわけはなく、とうてい生活できない。そこで、大金を借金することになる。弁護士事務所に就職できない弁護士が多数出る現状で、貸与制はおよそ現実的ではない。

しかし、司法試験合格者を激増させる司法改革において、給付制の資金を用意するのも簡単ではない。財源の問題だけで言えば、2,000人の修習生の

1 どこへ行く司法改革 201

給料を国費でまかなうよりも、裁判官をその財源分だけ増員する方が裁判の適正化に資すると思う。そこで、考え方を逆転させるべきである。

　給付制の主張は、司法修習制度の存在を不動の前提としている。司法修習を廃止すれば、裁判官を司法試験合格だけで採用するわけにはいかず、弁護士から採用する。そのとき弁護士会が、無罪判決を勝ち取った、人質司法をやめさせて、保釈を取った、行政事件で国に勝ったなどの弁護士を裁判所に推薦すべきである。そうすれば、修習生から子飼いの裁判官を純粋培養で採用する官僚裁判官制度が崩れ、裁判所が変わるのである。

　修習がないと能力がつかないと言われるが、弁護士補佐として実務で研修すればよい。アメリカには司法修習がない。裁判官が増えれば、事件数が増えるから、弁護士補佐を採用する事務所も増えて、増大した弁護士を吸収できるであろう。

❹ どうすべきか司法試験、法科大学院

　新司法試験では、点による選抜からプロセス教育へと法科大学院を設置したが、結局は司法試験という点による選抜にとどまった。司法試験の問題と採点が、考える試験というよりも、主要な判例を覚えて当てはめて、多少の考察ができる方が有利になっているからである。司法改革は、肝心の所で間違えているのである。考える法曹を養成するのであれば、最高裁判例を乗り越える上告受理理由書を書けといった出題をすればよい。採点基準が難しいなどと反論されるが、それなりのことを書けば、合格させればよい。また、試験科目の数だけではなくその範囲が広いので、受験生は覚えるだけで大変であるが、実務では誰もそんなにたくさん覚えて仕事をしているわけではない。実務はカンニング自由である、したがって、参照条文もない司法試験六法を使うのは完全に的外れである。出題範囲は重要な点に限定すべきである。行政法なら、実務では行政活動が違法かどうかが争点であり、その判断基準である法律による行政の原理と行政法規の解釈方法だけがわかればよい。そして、他分野の知見を導入するはずが、試験科目は法律科目だけなの

202　第11章　司法改革、弁護士とその周辺

で、他分野出身者は不利で、合格率も低い。しかし、法律はパソコンの外箱のようなもので、中のソフトは、建築、医療、工学、薬学、心理などの他分野で占められている。したがって、他分野出身者を法曹の世界に呼び込むために、医療と法、建築と法といった科目を作って、それを選択した者には法律科目の一部を免除すべきである。刑法総論などは、実務ではほとんど使わないので、選択とすべきである。

　法科大学院では、司法修習の期間を1年に短縮する代わりに、それまでの前半部分の実務を教えているが、試験に出ないから、学生もまじめに勉強しない。実務で重要なのは、事実の認定、証拠の評価であるから、これを一科目とし、どれかの科目は減らせばよい。選択科目は、実務家になってから勉強することとして、廃止したらどうか。

2 弁護士の周辺

■1 弁護士の報酬

　世間では弁護士の報酬は高いといわれているが、まじめな弁護士なら不当に高い報酬は取っていない。相談料を1時間1万円という最低ラインで提示したら、あたしは800円のパートといわれたことがあるが、パートの収入は全部ポケットに入るのに対し、弁護士の場合個人事務所でも経費は年間1,000万円くらいかかる（家賃、事務員、馬鹿高い〔年間60万円前後〕弁護士会費、書籍、ネットその他）から、相談料1時間1万円は、経費倒れの安い額である。そこで、相談を受けたら受任して、それなりに着手金や成功報酬を取らないとやっていけない。サラ金事件ではサラ金会社と交渉するだけの簡単な仕事なのに、受任率と報酬（2、3割といわれる）が高いので、交通費まで出して依頼者を呼び込む事務所があるが、行政事件は難しい上に受任率が恐ろしく低いし、相談をスッポカされることもあるので、相談料は1時間3〜5万円くらいにはしないとやっていけないのである。

　それに、弁護士の報酬は自由化されたから、弁護士を数軒はしごして、能

力がありそうで（ホームページを参考にするべきである、筆者は作っている）、安い弁護士に頼めばよい。裁判官は選べないが、弁護士は選べるのであるから、弁護士の問題はほぼ解決済みである。

　もっとも、家庭裁判所が後見人の報酬を決めたり、地方裁判所が破産管財人の報酬を決める場合には、交渉ができず裁判所が高く査定するので、裁判所から覚えのめでたい弁護士は、高収入である。裁判所任命の成年後見人弁護士は、何の仕事もないのに、2年近く月4万円取っていた。弁護士と裁判所の癒着が成年被後見人や破産者の財産を食いつぶすこともある。しかし、成年被後見人には争う方法もない。裁判所が適正な判断をしないときに争う方法が必要である。

　なお、大手では、時間単価は、1時間3万円も5万円もあるが、本来は、その場合には無駄な時間なしで、専門的に高度な知見を提供しなければならないので、厳しいものである。奈良公園の人力車は10分4,000円であったが、似たようなものである。しかし、実際は、新米が、勉強しながらこの時間単価を要求するので、高すぎると感ずることが少なくない。大手の看板に惑わされてはならない。

❷ 弁護士の懲戒請求

　弁護士の不祥事が多いとして、弁護士の懲戒制度への期待も大きい。しかし、他方、誰でも懲戒請求できるため、報酬を払わないで済ませる手段として懲戒請求が悪用されている。弁護士会は丁寧に審理するので、弁護士はその対応に苦労する。弁護士会は、悪質な懲戒請求は速やかに却下・棄却すべきである。

　それに、1カ月の業務停止処分を受けると、委任契約を解約せよとされているので、まもなく勝訴報酬が入る事件までパーになる。過大、過酷な制裁である。

204 第11章　司法改革、弁護士とその周辺

❸ 不動産鑑定士、弁護士の業務独占との比較

弁護士も不動産鑑定士も業務を独占する資格であるが、大きな違いがある。

弁護士が独占できるのは法律「事件」つまりは紛争になったものであって、単なる法律「事務」は独占業務とはなっていない（弁護士法3条、72条）。最大判昭和46年7月14日（刑集25巻5号690頁）は、非弁活動としては、「私利を図ってみだりに他人の法律事件に介入することを反復するような行為を取り締まれば足りる」としている。紛争性がなければ、誰でも業として法律事務を行えるのである。

不動産鑑定士の業務は紛争性がなく、法律事務と同様のものであるから、釣り合い上も独占させる理由がない。

❹ これでよいのか公証人

①公証人の手数料は自由化せよ

会社の定款や公正証書遺言を作るには公証人に手数料を払わなければならない。未だ紛争がなく、単なる法律事務で、弁護士の業務と違うのは、国家が証明するというだけなのに、公証人の独占業務となっている。しかも、その手数料は公証人法施行令で公定され、高尚な仕事でもないのに公証人と交渉できない。定款の認証には5万円かかるが、機械的な処理で、20分で済むのが大半という。筆者の弁護士法人大龍の定款案はわずか1頁、弁護士会のひな形に沿って、筆者が作り、公証人の助言はほとんどない。高すぎる。

公証人の業務は、弁護士の業務と比較して、特に難しいとも思われない（むしろ簡単）。弁護士は、報酬等が自由化されて、厳しい競争社会に突入している今日、公証人だけが競争からも自由であるのは不合理である（『こんな法律は要らない』185頁）。手数料を自由化して公証人の間で競争させるべきである。

②公証人は試験任用で

しかも、公証人は、本来試験任用であるが、実態は、法務大臣の任命で、基準がない。裁判官は、定年前に辞めるなら公証人のポストを用意するとい

2 弁護士の周辺 | 205

われることが多い。弁護士になっても繁盛する者はごく一部、大部分の裁判官にとっては公証人のほうがはるかに楽で報酬も良い。しかし、刑事訴訟で無罪判決を出したり、行政訴訟で国敗訴の判決を出すと、法務省の敵と見られて、不利になる。老後の再就職先として、公証人になろうと思えば、刑事裁判官としては無罪を出しにくいし、行政訴訟でも腹が据わらない。この組織的癒着・利権が行政訴訟や刑事訴訟が機能しない一因である。本来の試験任用に戻すべきである。

公証人の報酬の自由化が行われないのも、公証人のポストが裁判所と検察庁の利権の巣だからである。

5 少額案件にはなかなか来てもらえない執行官

強制執行は執行官に頼まなければならない。執行官は地方裁判所の採用試験に合格して採用される公務員であるのに、収入は依頼者から貰う手数料だけで、国から給料を貰うことはない（執行官法）。バブルの頃は多忙で、その稼ぎは地裁所長などをはるかに凌駕すると言われた。少額案件にはなかなか来てもらえないし、家屋明渡しでは、家財道具を買い取らなければならない等、種々問題が指摘されている。それどころか、某地裁で1名募集のところ筆記試験で受験者25名中10位まで合格させ、面接で10位を1人採用した。不正な合否決定であるとの告発状が筆者に届いた。まだ、真偽は不明でも、面接で自由に合否を左右できるのでは、誤魔化しも起きる。なお、大分県教育委員会では試験の成績を加減して、不正な採用を長年していたことが露見している（「教員不正採用を理由とする職権取消しの違法性」自治研究89巻3号〔2013年〕3〜30頁、『行政法の解釈（3）所収』）。

以上、規制改革会議のテーマとすべきである。

事項・人名索引

＊用語は本文では必ずしも統一されていないが、索引では代表的な用語で示すこととした。

●あ●

青青信号…………………………………… 11

阿部泰雄弁護士……………………… 123, 182

安全認定……………………………………… 35

異議申立期間3日の刑事事件の酷 …… 191

違憲審査権………………………………… 178

1年期限 …………………………………… 153

一級建築士に対して業務停止処分…… 127

一瞬の赤信号無視………………………… 12

一般廃棄物処理業許可取消勝訴……… 151

犬（君）も歩けば行政法に当たる…… 66

違法行政と闘う……………………………… 2

違法行政を救済する判決の手法……… 59

違法だが有効？…………………………… 42

岩井伸晃………………………………… 163

印紙代（提訴手数料）…………………… 90

インターネットにより第1類、第2類医薬
品を販売できる地位確認の仮処分
…………………………………………… 192

インターネットによる第1、第2類の医薬
品販売禁止違憲・違法訴訟
…… iii, 3, 85, 95, 103, 124, 148, 162, 177

嘘の供述で強姦罪………………………… 113

江口とし子………………………………… 149

えん罪補償は、拘束されていない期間でも
不起訴でも行え………………………… 117

遠藤事件…………………………… 120, 121

法務省の消極姿勢………………………… 78

大分県教育委員会………………………… 126

大阪空港判決最大判昭和56年12月8日
…………………………………………… 39

大阪サテライト判決最判平成21年10月15日
…………………………………………… 54

大橋寛明…………………………………… 44

岡田紀彦………………………………… 153

小田急訴訟最高裁大法廷判決平成17年12
月7日 …………………………………… 54

思い出の事件を裁く最高裁…………… 86

親子関係の判定………………………… 158

●か●

貝阿彌誠…………………………………… 45

学習指導要領…………………………… 170

確信犯の違法行為………………………… 69

火災保険金請求訴訟…………………… 150

過失を推定せよ………………………… 115

過失責任の原則の悪用…………………… 35

学校秀才・試験秀才止まり…………… 61

神奈川県臨時企業特例税………………… 95

鎌野心敬…………………………… 152	行政の暗闇照らさぬ法テラス………… 93
仮処分………………………………… 85	行政の実効性の確保………………… 4
川神裕……………………………… 57	行訴法再改正の必要………………… 79
簡易迅速の鍵は審査請求人のための職権調	記録コピー代の高額さ……………… 188
査………………………………… 104	クリーンハンドの原則……………… 44
勧告…………………………………… 87	車が通らない歩道を削ったところで駐車違反
完全主義…………………………… 26	…………………………………… 12
官民不平等の逆転判例……………… 43	クレーマー消費者をそのまま信ずるずさん
官僚制の病理……………………… 5	な消費者行政……………………… 19
官僚的腐敗………………………… 201	黒田豊……………………………… 31, 150
偽証………………………………… 120	形骸化した口頭主義………………… 197
木下秀樹…………………………… 34	軽過失免責の誤り…………………… 145
君が代……………………………… 170	警察官の違法は見逃し、庶民の軽微な違法
給与条例主義……………………… 29	は取り締まるという本末転倒の事態
教員の不正採用…………………… 126	…………………………………… 19
教示の誤りで訴えの資格喪失……… 43	元号………………………………… 169
行政えん罪………………… 2, 24, 115, 124	原告適格…………………………… 53
行政過程論………………………… 87	検察官の過失……………………… 109
行政事件訴訟法改正5年見直し…… 77	権利放棄議決……………………… 144, 177
行政指導の強引さ………………… 71	公益通報者保護法の機能不全……… 130
行政書士の不服申立代理権……… 104	公益訴訟勝訴報奨金………………… 95
行政（不法）審査法？…………… 103	公共施設管理者の不同意最判平成7年3月
行政組織の解体処分を…………… 124	23日 …………………………… 37, 38
行政訴訟改革……………………… 51	合憲限定解釈論…………… 157, 171, 172
行政訴訟検討会を牛耳る事務局の戦略 75	工事指名停止処分………………… 128, 129
行政訴訟最貧国…………………… v, 78	公証人…………………………… 59
行政訴訟勝訴率のごまかし……… 60	公証人の手数料は自由化せよ……… 205
行政訴訟の審理に関する法律案要綱の提案	公証人は試験任用で……………… 205
…………………………………… 96	公正取引委員会の審決の改革の愚…… 92
行政訴訟は行政法の学力がなくても裁ける	交通取締りの濫用………………… 10
…………………………………… 62	公定力理論………………………… 67

公売処分……………………………… 106		裁判官の誤判…………………………… 121
公表…………………………… 87,88		裁判官の増員こそが鍵………………… 200
神戸市外郭団体人件費補助金支給事件 140		裁判所の大堕落………………………… 47
神戸市を被告とする住民訴訟………… 151		裁判所の独断的判断は法律問題でも違憲
公務員個人への直接の賠償請求を認めよ		……………………………… 63
……………………………… 107		裁判所はまな板の鯉、改革の包丁を握るな
公務員の政治的行為の制限…………… 156		……………………………… 76
公立病院の売店明渡し訴訟…………… 153		裁判の誤りを理由とする国家賠償訴訟
国民への法的サービスの改善を怠る最高裁		……………………………… 91
……………………………… 74		最判平成25年1月11日 ………… 164
国会欺罔作戦…………………………… 72		裁判を違法とする国家賠償訴訟……… 121
国家賠償法4条………………………… 175		坂井満………………………… 42,56
国旗起立・国歌斉唱強制の違法・違憲性		佐村浩之……………………… 17,41
……………………………… 170		猿払事件………………………………… 156
国旗国歌法……………………………… 170		審査請求期間・出訴期間を廃止せよ… 82
小松和雄……………………………… 149		三大列車転覆事件……………………… 119
御用学者……………………………… 5,146		時機に後れた攻撃防御方法の機能不全 196
混合診療禁止………………… 165,183		事故防止のための警察に……………… 14
金馬健二………………………… 30		指示・公表・入札拒否への創設……… 87
		執行官…………………………………… 206
●さ●		執行不停止原則を執行停止原則に…… 79
		自白強要、証拠偽造・隠匿した検事、警察
斎木稔久…………………………… 30,85		官を厳罰に……………………… 119
再婚禁止期間…………………………… 161		志布志選挙違反事件…………………… 109
最高裁が条文を誤読!!………………… 173		司法嫌い………………………………… 50
最高裁の無理な日本語解釈、合憲限定解釈		司法研修所廃止………………………… 201
……………………………… 171		司法権力の内幕………………………… 47
最高裁判事……………………………… 180		釈明義務………………………………… 100
最大判昭和56年12月8日 ………… 39		住民訴訟の意義………………………… 138
斎藤清文………………………… 26		証拠の偽造・隠蔽……………………… 120
裁判員制度…………………… 91,121		定塚誠………… 42,45,46,55,56,70,167
裁判管轄………………………… 52		

事項・人名索引 209

情報公開制度……………………… 70

消防職員の消火ミス……………… 175

庶民の無過失責任を追及するのは、逆転の
不公平…………………………… 127

書類提出期間の異常な短さ……… 189

書類の提出先……………………… 190

自力執行権限……………………… 115

人事院などへの懲戒請求………… 118

随意契約…………………………… 173

末弘厳太郎………………………… 65

杉原則彦…………………… 22, 43, 55

ずさんな事実認定………………… 68

ずさんな標識………………………11

青少年保護条例における「淫行」…… 172

税務職員の脱税加担……………… 43

瀬木比呂志………………………… 47

セクハラ…………………………… 69

絶望の裁判所…………………… 47, 91

仙台筋弛緩剤事件………………… 123

先例病……………………………… 78

総合法律支援センター法の2016年改正 95

遡及条例で違法を帳消し………… 31

組織的隠蔽………………………… 71

組織的な不祥事・不正の数々…… 8

組織的腐敗・組織の病理……… iii, 2, 75

組織的癒着…………………… 58, 103

訴訟要件の壁……………………… 48

租税法における遡及立法も違憲……… 168

●た●

大門匡……………………… 16, 19

宝塚市パチンコ店規制条例事件最判平成
14年7月9日 ……………… 64

瀧澤泉……………………………… 37

タクシー特措法……………… 149, 164

田中真紀子………………………… 69

たぬきの森事件…………… 35, 108, 116

痴漢事件…………………………… 111

地方自治法施行令167条の2 …… 173

中東の笛……………………… iv, 58

調査官判決………………………… 179

駐車禁止のずさんな指定………… 13

DNA検査 ………………… 112, 120

DNA検査無視 ……………… 158, 162

低運賃タクシー禁止に対する仮の差止め
………………………………… 149

低額運賃を競うワンコインタクシーの弾圧
…………………………………… 3

低額タクシー禁止違憲訴訟……… 164

低額タクシー弾圧………………… 124

提出先のわかりにくさ…………… 193

電話会議の制約…………………… 195

当事者訴訟………………………… 52

どうすべきか司法試験、法科大学院… 202

答弁書無視………………………… 176

独立と独善は紙一重……………… 180

富越和厚…………………………… 23

泥棒に刑法を作らせる愚… 73, 78, 91, 146

泥棒の罪を泥棒が裁く…………… 123

トンネル退職金…………………… 29

●な●

内閣法制局迂回作戦⋯⋯⋯⋯⋯⋯⋯ 72
内閣法制局とのすりあわせは不適切⋯ 76
内部告発⋯⋯⋯⋯⋯⋯⋯⋯⋯⋯⋯⋯ 130
内部告発者報奨金の提案⋯⋯⋯⋯⋯⋯ 133
難波孝一⋯⋯⋯⋯⋯⋯⋯⋯ 170, 182
西田隆裕⋯⋯⋯⋯⋯⋯⋯⋯⋯⋯⋯ 149
2002年（平成14年）改正（改悪）⋯⋯ 138
日本司法支援センター⋯⋯⋯⋯⋯⋯ 93
日本の裁判⋯⋯⋯⋯⋯⋯⋯ 47, 144
入札の拒否⋯⋯⋯⋯⋯⋯⋯⋯⋯⋯ 87
ネズミがライオンに挑むがごとし⋯⋯ 50
ネズミ捕りは違法だ⋯⋯⋯⋯⋯⋯⋯ 15

●は●

パーキングメーターと駐車禁止の行きすぎ
　⋯⋯⋯⋯⋯⋯⋯⋯⋯⋯⋯⋯⋯⋯ 17
秦野市地下水条例事件⋯⋯⋯⋯⋯⋯ 44
パチンコ店・神戸市の要請により移転・店
　舗剥奪事件⋯⋯⋯⋯⋯⋯⋯⋯⋯ 27
八宗兼学⋯⋯⋯⋯⋯⋯⋯⋯⋯⋯⋯ 61
Bachof⋯⋯⋯⋯⋯⋯⋯⋯⋯⋯⋯⋯ 4
パトカー追跡事故⋯⋯⋯⋯⋯ 110, 116
原司⋯⋯⋯⋯⋯⋯⋯⋯⋯⋯⋯⋯ 150
判検交流⋯⋯⋯⋯⋯⋯⋯⋯⋯ 42, 58
反則金の使途⋯⋯⋯⋯⋯⋯⋯⋯⋯ 10
被告（行政）の引き延ばし作戦⋯⋯⋯ 194
人が肝心⋯⋯⋯⋯⋯⋯⋯⋯⋯⋯ 103
人質司法⋯⋯⋯⋯⋯⋯⋯⋯⋯⋯ 110
人質司法をなくした最高裁の英断⋯⋯ 113

風俗とわいせつは同じ!!⋯⋯⋯⋯⋯ 171
夫婦同姓義務づけ⋯⋯⋯⋯⋯⋯⋯ 162
福井章代⋯⋯⋯⋯⋯⋯⋯⋯⋯⋯ 34
藤山雅行⋯⋯⋯⋯⋯⋯⋯⋯⋯⋯ 182
辺野古移転訴訟⋯⋯⋯⋯⋯⋯⋯⋯ 46
弁護士の懲戒請求⋯⋯⋯⋯⋯⋯⋯ 204
弁護士の報酬⋯⋯⋯⋯⋯⋯⋯⋯ 203
保安林指定解除拒否処分事件⋯⋯⋯ 99
保安林指定不解除の違法を免責した事件
　⋯⋯⋯⋯⋯⋯⋯⋯⋯⋯⋯ 32, 99
法曹一元⋯⋯⋯⋯⋯⋯⋯⋯⋯⋯ 201
放置国家⋯⋯⋯⋯⋯⋯⋯⋯⋯⋯⋯ v
法治国家の原則を無視する最高裁判所 165
法廷メモ禁止⋯⋯⋯⋯⋯⋯⋯⋯⋯ 198
法的安定性は神話⋯⋯⋯⋯⋯⋯⋯ 83
法テラス⋯⋯⋯⋯⋯⋯⋯⋯⋯⋯ 93
法の執行の不全⋯⋯⋯⋯⋯⋯⋯⋯ 4
法務省は行政訴訟立法に不適切⋯⋯⋯ 77
法律上の争訟⋯⋯⋯⋯⋯⋯⋯⋯⋯ 64
法令改正のリスク⋯⋯⋯⋯⋯⋯⋯ 28
法令コンプライアンス⋯⋯⋯⋯ 140, 143
ホームページへの公表⋯⋯⋯⋯⋯⋯ 88
北総鉄道運賃値下げ命令義務付け訴訟
　⋯⋯⋯⋯⋯⋯⋯⋯⋯ 54, 82, 102

●ま●

増田都子事件⋯⋯⋯⋯⋯⋯⋯⋯⋯ 44
松尾事件⋯⋯⋯⋯⋯⋯⋯⋯⋯ 43, 148
松川事件⋯⋯⋯⋯⋯⋯⋯⋯⋯⋯ 119
窓口の時代遅れ⋯⋯⋯⋯⋯⋯⋯⋯ 186
三浦潤⋯⋯⋯⋯⋯⋯⋯⋯⋯⋯⋯ 174

三行半決定‥‥‥‥‥‥‥‥‥‥‥ ⅴ , 29, 176

民事法帝国主義‥‥‥‥‥‥‥‥‥‥ 62

見積書と契約書を誤認混同‥‥‥‥‥ 21

三輪和雄‥‥‥‥‥‥‥‥‥‥‥ 85, 164

民事司法を利用しやすくする懇談会最終報

　告書‥‥‥‥‥‥‥‥‥‥‥‥‥‥ 79

民事訴訟法はほぼ死んでいる‥‥‥‥ 197

村木局長事件‥‥‥‥‥‥ 111, 120, 125

名誉棄損‥‥‥‥‥‥‥‥‥‥‥‥ 88

モラルハザード‥‥‥‥‥‥‥‥‥ 106

森田義男‥‥‥‥‥‥‥‥‥‥‥‥ 47

森炎‥‥‥‥‥‥‥‥‥‥‥‥‥‥ 47

●や●

役所お取りつぶしの解決策‥‥‥‥‥ 125

役人性悪説‥‥‥‥‥‥‥‥‥‥‥ 72

役人性善説‥‥‥‥‥‥‥‥‥ 70, 72

役人性善説から役人性悪説へ‥‥‥‥ 67

役人の違法行為の種は尽きまじ‥‥‥ 66

役人無謬論‥‥‥‥‥‥‥‥ 2, 26, 72

山下寛‥‥‥‥‥‥‥‥‥‥‥‥‥ 31

山田明‥‥‥‥‥‥‥‥‥ 36, 56, 149

やるだけ無駄といわれる行政訴訟‥‥ 48

郵券代‥‥‥‥‥‥‥‥‥‥‥‥ 186

要指導医薬品‥‥‥‥‥‥‥‥‥ 164

●ら●

離職餞別金補助金‥‥‥‥‥‥‥‥‥ 29

リフォーム業者事件‥‥‥‥‥‥ 19, 89

理由書提出期限の厳しさ‥‥‥‥‥ 192

理由附記の不備‥‥‥‥‥‥‥‥‥ 71

レペタ訴訟‥‥‥‥‥‥‥‥‥‥‥ 198

録音禁止‥‥‥‥‥‥‥‥‥‥‥ 198

六法に入れてもらえぬ行政法‥‥‥‥ 66

六法の半分分捕る行政法‥‥‥‥‥‥ 66

●わ●

わかりにくい進入禁止で反則金ぼろ儲け

‥‥‥‥‥‥‥‥‥‥‥‥‥‥‥‥ 14

渡邉弘‥‥‥‥‥‥‥‥‥‥‥‥‥ 44

渡邊安一‥‥‥‥‥‥‥‥‥‥‥‥ 27

（著書一覧）

単 著

1 『フランス行政訴訟論』（有斐閣、1971年）

2 『行政救済の実効性』（弘文堂、1985年）

3 『事例解説行政法』（日本評論社、1987年）

4 『行政裁量と行政救済』（三省堂、1987年）

5 『国家補償法』（有斐閣、1988年）

6 『国土開発と環境保全』（日本評論社、1989年）

7 『行政法の解釈』（信山社、1990年）

8 『行政訴訟改革論』（有斐閣、1993年）

9 『政策法務からの提言』（日本評論社、1993年）

10 『大震災の法と政策』（日本評論社、1995年）

11 『政策法学の基本指針』（弘文堂、1996年）

12 『行政の法システム上［新版］』
（有斐閣、1997年。初版1992年、補遺1998年）

13 『行政の法システム下［新版］』
（有斐閣、1997年。初版1992年、補遺1998年）

14 『〈論争・提案〉情報公開』
（日本評論社、1997年）

15 『行政の法システム入門』
（放送大学教育振興会、1998年）

16 『政策法学と自治条例』（信山社、1999年）

17 『定期借家のかしこい貸し方・借り方』
（信山社、2000年）

18 『こんな法律はいらない』
（東洋経済新報社、2000年）

19 『やわらか頭の法政策』（信山社、2001年）

20 『内部告発（ホイッスルブロウァー）の
法的設計』（信山社、2003年）

21 『政策法学講座』（第一法規、2003年）

22 『行政訴訟要件論』（弘文堂、2003年）

23 『行政書士の未来像』（信山社、2004年）

24 『行政法の解釈(2)』（信山社、2005年）

25 『やわらか頭の法戦略』（第一法規、2006年）

26 『対行政の企業法務戦略』
（中央経済社、2007年）

27 『行政法解釈学Ⅰ』（有斐閣、2008年）

28 『行政法解釈学Ⅱ』（有斐閣、2009年）

29 『行政の進路』（中大出版部、2010年）

30 『最高裁上告不受理事件の諸相Ⅱ』
（信山社、2011年）

31 『行政書士の業務──その拡大と限界』
（信山社、2012年。**23**の改訂版）

32 『市長破産』（信山社、2013年）

33 『行政法再入門（行政法再興理論上）』
（信山社、2015年）

34 『行政法再入門（行政法再興理論下）』
（信山社、2015年）

35 『住民訴訟の理論と実践、改革の提案』
（信山社、2015年）

36 『ひと味違う法学入門』（信山社、2016年）

37 『行政法の解釈(3)』（信山社、2016年）

共編著（一部のみ）

『定期借家権』（信山社、1998年）

『環境法第4版』（有斐閣、2011年）

『京都大学 井上教授事件』（信山社、2004年）

『住基ネット・自治体の出訴権──杉並区訴訟をふまえて』（信山社、2009年）

『行政訴訟第2次改革の論点』（信山社、2013年）

著者プロフィール

阿部泰隆（あべ・やすたか）

1942年、福島市生まれ。1964年、東京大学法学部卒業。同年、東京大学法学部助手。
1967年、神戸大学法学部助教授。1977年、神戸大学法学部教授。
2000年、神戸大学大学院法学研究科教授。2005年、定年退職。神戸大学名誉教授。2005年、東京弁護士会に登録。2005年、中央大学総合政策学部教授（2012年、定年退職）。2012年、兵庫県弁護士会へ登録替え。著作一覧は、213頁。
http://www.eonet.ne.jp/~greatdragon/books.html に詳しく記載。

行政の組織的腐敗と行政訴訟最貧国
放置国家を克服する司法改革を

2016年7月5日　第1版第1刷発行

著　　　者／阿部泰隆

発　行　人／成澤壽信

発　行　所／株式会社現代人文社
　　　　　　〒160-0004 東京都新宿区四谷2-10 八ッ橋ビル7階
　　　　　　振替　00130-3-52366
　　　　　　電話　03-5379-0307（代表）
　　　　　　FAX　03-5379-5388
　　　　　　E-Mail　henshu@genjin.jp（代表）／ hanbai@genjin.jp（販売）
　　　　　　Web　http://www.genjin.jp

発　売　所／株式会社大学図書

印　刷　所／株式会社ミツワ

本文デザイン／Malpu Design（宮崎萌美）

装　　　幀／Malpu Design（清水良洋）

検印省略　PRINTED IN JAPAN　ISBN978-4-87798-641-4　C0032
© 2016　Abe Yasutaka

本書の一部あるいは全部を無断で複写・転載・転訳載などをすること、または磁気媒体等に入力することは、法律で認められた場合を除き、著作者および出版者の権利の侵害となりますので、これらの行為をする場合には、あらかじめ小社また編集者宛に承諾を求めてください。